book2

books in 2 languages

book2 Deutsch - Mazedonisch für Anfänger

IMPRINT / IMPRESSUM

Johannes Schumann:
book2 Deutsch - Mazedonisch für Anfänger
EAN-13 (ISBN-13): 978-3-93-814126-7

Inquiries / Anfragen:
info@50languages.com
info@goethe-verlag.com

Inhalt

1 [eins]

Personen

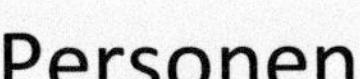

1 [еден]
1 [eden]

Лица
Licza

ich	јас jas
ich und du	јас и ти jas i ti
wir beide	ние двајцата nie dwajczata
er	тој toj
er und sie	тој и таа toj i taa
sie beide	тие двајцата tie dwajczata
der Mann	маж masch
die Frau	жена schena
das Kind	дете dete

1 [eins]

Personen

1 [еден]
1 [eden]

Лица
Licza

eine Familie — една фамилија
edna familija

meine Familie — мојата фамилија
mojata familija

Meine Familie ist hier. — Мојата фамилија е овде.
Mojata familija je owde.

Ich bin hier. — Јас сум овде.
Jas sum owde.

Du bist hier. — Ти си овде.
Ti si owde.

Er ist hier und sie ist hier. — Тој е овде и таа е овде.
Toj je owde i taa je owde.

Wir sind hier. — Ние сме овде.
Nie sme owde.

Ihr seid hier. — Вие сте овде.
Wie ste owde.

Sie sind alle hier. — Тие сите се овде.
Tie site se owde.

2 [zwei]

Familie

2 [два]
2 [dwa]

Фамилија
Familija

der Großvater
дедо
dedo

die Großmutter
баба
baba

er und sie
тој и таа
toj i taa

der Vater
татко
tatko

die Mutter
мајка
majka

er und sie
тој и таа
toj i taa

der Sohn
син
sin

die Tochter
ќерка
cerka

er und sie
тој и таа
toj i taa

2 [zwei]

Familie

2 [два]
2 [dwa]

Фамилија
Familija

der Bruder — брат
brat

die Schwester — сестра
sestra

er und sie — тој и таа
toj i taa

der Onkel — чичко
tschitschko

die Tante — тетка
tetka

er und sie — тој и таа
toj i taa

Wir sind eine Familie. — Ние сме една фамилија.
Nie sme jedna familija.

Die Familie ist nicht klein. — Фамилијата не е мала.
Familijata ne je mala.

Die Familie ist groß. — Фамилијата е голема.
Familijata je golema.

3 [drei]

3 [три]
3 [tri]

Kennen lernen

Запознавање
Saposnawaǌe

Hallo!	Здраво! Sdrawo!
Guten Tag!	Добар ден! Dobar den!
Wie geht's?	Како си? Kako si?
Kommen Sie aus Europa?	Доаѓате ли од Европа? Doaɟate li od JEwropa?
Kommen Sie aus Amerika?	Доаѓате ли од Америка? Doaɟate li od Amerika?
Kommen Sie aus Asien?	Доаѓате ли од Азија? Doaɟate li od Asija?
In welchem Hotel wohnen Sie?	Во кој хотел живеете? Wo koj chotel schiweete?
Wie lange sind Sie schon hier?	Колку долго сте веќе овде? Kolku dolgo ste wece owde?
Wie lange bleiben Sie?	Колку долго останувате? Kolku dolgo ostanuwate?

3 [drei]

Kennen lernen

3 [три]
3 [tri]

Запознавање
Saposnawaпe

Gefällt es Ihnen hier?	Ви се допаѓа ли овде? Wi se dopaјa li owde?
Machen Sie hier Urlaub?	Дали сте овде на одмор? Dali ste owde na odmor?
Besuchen Sie mich mal!	Посетете ме! Posetete me!
Hier ist meine Adresse.	Еве ја мојата адреса. Ewe ja mojata adresa.
Sehen wir uns morgen?	Ќе се видиме ли утре? Ce se widime li utre?
Tut mir Leid, ich habe schon etwas vor.	Жал ми е, имам веќе нешто испланирано. Schal mi je, imam wece neschto isplanirano.
Tschüs!	Чао! Tschao!
Auf Wiedersehen!	Довидување! Dowiduwaпe!
Bis bald!	До наскоро! Do naskoro!

4 [vier]

In der Schule

4 [четири]
4 [tschetiri]

Во училиште
Wo utschilischte

Wo sind wir?	Каде сме? Kade sme?
Wir sind in der Schule.	Ние сме во училиштето. Nie sme wo utschilischteto.
Wir haben Unterricht.	Ние имаме настава. Nie imame nastawa.
Das sind die Schüler.	Ова се учениците. Owa se utscheniczite.
Das ist die Lehrerin.	Ова е наставничката. Owa je nastawnitschkata.
Das ist die Klasse.	Ова е одделението. Owa je oddelenieto.
Was machen wir?	Што правиме? Schto prawime?
Wir lernen.	Ние учиме. Nie utschime.
Wir lernen eine Sprache.	Ние учиме еден јазик. Nie utschime jeden jasik.

4 [vier]

In der Schule

4 [четири]
4 [tschetiri]

Во училиште
Wo utschilischte

Ich lerne Englisch.

Јас учам англиски.
Jas utscham angliski.

Du lernst Spanisch.

Ти учиш шпански.
Ti utschisch schpanski.

Er lernt Deutsch.

Тој учи германски.
Toj utschi germanski.

Wir lernen Französisch.

Ние учиме француски.
Nie utschime franczuski.

Ihr lernt Italienisch.

Вие учите италијански.
Wie utschite italijanski.

Sie lernen Russisch.

Тие учат руски.
Tie utschat ruski.

Sprachen lernen ist interessant.

Учењето јазици е интересно.
Utscheɲeto jasiczi je interesno.

Wir wollen Menschen verstehen.

Ние сакаме да ги разбираме луѓето.
Nie sakame da gi rasbirame luɟeto.

Wir wollen mit Menschen sprechen.

Ние сакаме да зборуваме со луѓето.
Nie sakame da sboruwame so luɟeto.

5 [fünf]

Länder und Sprachen

5 [пет]
5 [pet]

Земји и јазици
Semji i jasiczi

John ist aus London.

Џон е од Лондон.
Dʒon je od London.

London liegt in Großbritannien.

Лондон се наоѓа во Англија.
London se naoʝa wo Anglija.

Er spricht Englisch.

Тој зборува англиски.
Toj sboruwa angliski.

Maria ist aus Madrid.

Марија е од Мадрид.
Marija je od Madrid.

Madrid liegt in Spanien.

Мадрид се наоѓа во Шпанија.
Madrid se naoʝa wo Schpanija.

Sie spricht Spanisch.

Таа зборува шпански.
Taa sboruwa schpanski.

Peter und Martha sind aus Berlin.

Петар и Марта се од Берлин.
Petar i Marta se od Berlin.

Berlin liegt in Deutschland.

Берлин се наоѓа во Германија.
Berlin se naoʝa wo Germanija.

Sprecht ihr beide Deutsch?

Зборувате ли вие двајцата германски?
Sboruwate li wie dwajczata germanski?

5 [fünf]

Länder und Sprachen

5 [пет]
5 [pet]

Земји и јазици
Semji i jasiczi

London ist eine Hauptstadt.
Лондон е главен град.
London je glawen grad.

Madrid und Berlin sind auch Hauptstädte.
Мадрид и Берлин се исто така главни градови.
Madrid i Berlin se isto taka glawni gradowi.

Die Hauptstädte sind groß und laut.
Главните градови се големи и бучни.
Glawnite gradowi se golemi i butschni.

Frankreich liegt in Europa.
Франција се наоѓа во Европа.
Franczija se naoјa wo JEwropa.

Ägypten liegt in Afrika.
Египет се наоѓа во Африка.
Egipet se naoјa wo Afrika.

Japan liegt in Asien.
Јапонија се наоѓа во Азија.
Japonija se naoјa wo Asija.

Kanada liegt in Nordamerika.
Канада се наоѓа во Северна Америка.
Kanada se naoјa wo Sewerna Amerika.

Panama liegt in Mittelamerika.
Панама се наоѓа во Средна Америка.
Panama se naoјa wo Sredna Amerika.

Brasilien liegt in Südamerika.
Бразил се наоѓа во Јужна Америка.
Brasil se naoјa wo Juschna Amerika.

6 [sechs]

Lesen und schreiben

6 [шест]
6 [schest]

Читање и пишување
Tschitaɉe i pischuwaɉe

Ich lese.
Јас читам.
Jas tschitam.

Ich lese einen Buchstaben.
Јас читам една буква.
Jas tschitam jedna bukwa.

Ich lese ein Wort.
Јас читам еден збор.
Jas tschitam jeden sbor.

Ich lese einen Satz.
Јас читам една реченица.
Jas tschitam jedna retschenicza.

Ich lese einen Brief.
Јас читам едно писмо.
Jas tschitam jedno pismo.

Ich lese ein Buch.
Јас читам една книга.
Jas tschitam jedna kniga.

Ich lese.
Јас читам.
Jas tschitam.

Du liest.
Ти читаш.
Ti tschitasch.

Er liest.
Тој чита.
Toj tschita.

6 [sechs]

Lesen und schreiben

6 [шест]
6 [schest]

Читање и пишување
Tschitaјe i pischuwaјe

Ich schreibe.	Јас пишувам. Jas pischuwam.
Ich schreibe einen Buchstaben.	Јас пишувам една буква. Jas pischuwam jedna bukwa.
Ich schreibe ein Wort.	Јас пишувам еден збор. Jas pischuwam jeden sbor.
Ich schreibe einen Satz.	Јас пишувам една реченица. Jas pischuwam jedna retschenicza.
Ich schreibe einen Brief.	Јас пишувам едно писмо. Jas pischuwam jedno pismo.
Ich schreibe ein Buch.	Јас пишувам една книга. Jas pischuwam jedna kniga.
Ich schreibe.	Јас пишувам. Jas pischuwam.
Du schreibst.	Ти пишуваш. Ti pischuwasch.
Er schreibt.	Тој пишува. Toj pischuwa.

7 [sieben]

Zahlen

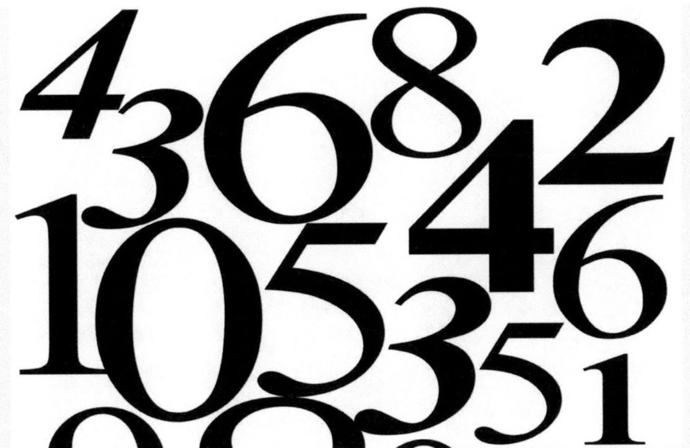

7 [седум]
7 [sedum]

Броеви
Broewi

Ich zähle:	Јас бројам: Jas brojam:
eins, zwei, drei	еден, два, три eden, dwa, tri
Ich zähle bis drei.	Јас бројам до три. Jas brojam do tri.
Ich zähle weiter:	Јас бројам понатаму: Jas brojam ponatamu:
vier, fünf, sechs,	четири, пет, шест tschetiri, pet, schest
sieben, acht, neun	седум, осум, девет sedum, osum, dewet
Ich zähle.	Јас бројам. Jas brojam.
Du zählst.	Ти броиш. Ti broisch.
Er zählt.	Тој брои. Toj broi.

7 [sieben]

Zahlen

7 [седум]
7 [sedum]

Броеви
Broewi

Eins. Der Erste.	Еден. Први. Eden. Prwi.
Zwei. Der Zweite.	Два. Втори. Dwa. Wtori.
Drei. Der Dritte.	Три. Трети. Tri. Treti.
Vier. Der Vierte.	Четири. Четврти. Tschetiri. Tschetwrti.
Fünf. Der Fünfte.	Пет. Петти. Pet. Petti.
Sechs. Der Sechste.	Шест. Шести. Schest. Schesti.
Sieben. Der Siebte.	Седум. Седми. Sedum. Sedmi.
Acht. Der Achte.	Осум. Осми. Osum. Osmi.
Neun. Der Neunte.	Девет. Девети. Dewet. Deweti.

8 [acht]

Uhrzeiten

8 [осум]
8 [osum]

Часови / Време
Tschasowi / Wreme

Entschuldigen Sie!	Извинете! Iswinete!
Wie viel Uhr ist es, bitte?	Колку е часот, Ве молам? Kolku je tschasot, We molam?
Danke vielmals.	Благодарам многу. Blagodaram mnogu.
Es ist ein Uhr.	Часот е еден. Tschasot je jeden.
Es ist zwei Uhr.	Часот е два. Tschasot je dwa.
Es ist drei Uhr.	Часот е три. Tschasot je tri.
Es ist vier Uhr.	Часот е четири. Tschasot je tschetiri.
Es ist fünf Uhr.	Часот е пет. Tschasot je pet.
Es ist sechs Uhr.	Часот е шест. Tschasot je schest.

8 [acht]

Uhrzeiten

8 [осум]
8 [osum]

Часови / Време
Tschasowi / Wreme

Es ist sieben Uhr. — Часот е седум.
Tschasot je sedum.

Es ist acht Uhr. — Часот е осум.
Tschasot je osum.

Es ist neun Uhr. — Часот е девет.
Tschasot je dewet.

Es ist zehn Uhr. — Часот е десет.
Tschasot je deset.

Es ist elf Uhr. — Часот е единаесет.
Tschasot je jedinaeset.

Es ist zwölf Uhr. — Часот е дванаесет.
Tschasot je dwanaeset.

Eine Minute hat sechzig Sekunden. — Една минута има шеесет секунди.
Edna minuta ima scheeset sekundi.

Eine Stunde hat sechzig Minuten. — Еден час има шеесет минути.
Eden tschas ima scheeset minuti.

Ein Tag hat vierundzwanzig Stunden. — Еден ден има дваесет и четири часа.
Eden den ima dwaeset i tschetiri tschasa.

9 [neun]

Wochentage

9 [девет]
9 [dewet]

Денови во седмицата
Denowi wo sedmiczata

der Montag	понеделник ponedelnik
der Dienstag	вторник wtornik
der Mittwoch	среда sreda
der Donnerstag	четврток tschetwrtok
der Freitag	петок petok
der Samstag	сабота sabota
der Sonntag	недела nedela
die Woche	седмица sedmicza
von Montag bis Sonntag	од понеделник до недела od ponedelnik do nedela

9 [neun]

Wochentage

9 [девет]
9 [dewet]

Денови во седмицата
Denowi wo sedmiczata

Der erste Tag ist Montag.	Првиот ден е понеделник. Prwiot den je ponedelnik.
Der zweite Tag ist Dienstag.	Вториот ден е вторник. Wtoriot den je wtornik.
Der dritte Tag ist Mittwoch.	Третиот ден е среда. Tretiot den je sreda.
Der vierte Tag ist Donnerstag.	Четвртиот ден е четврток. Tschetwrtiot den je tschetwrtok.
Der fünfte Tag ist Freitag.	Петтиот ден е петок. Pettiot den je petok.
Der sechste Tag ist Samstag.	Шестиот ден е сабота. Schestiot den je sabota.
Der siebte Tag ist Sonntag.	Седмиот ден е недела. Sedmiot den je nedela.
Die Woche hat sieben Tage.	Седмицата има седум дена. Sedmiczata ima sedum dena.
Wir arbeiten nur fünf Tage.	Ние работиме само пет дена. Nie rabotime samo pet dena.

10 [zehn]

Gestern – heute – morgen

10 [десет]
10 [deset]

Вчера – денес – утре
Wtschera – denes – utre

Gestern war Samstag.
Вчера беше сабота.
Wtschera besche sabota.

Gestern war ich im Kino.
Вчера бев во кино.
Wtschera bew wo kino.

Der Film war interessant.
Филмот беше интересен.
Filmot besche interesen.

Heute ist Sonntag.
Денес е недела.
Denes je nedela.

Heute arbeite ich nicht.
Денес не работам.
Denes ne rabotam.

Ich bleibe zu Hause.
Јас останувам дома.
Jas ostanuwam doma.

Morgen ist Montag.
Утре е понеделник.
Utre je ponedelnik.

Morgen arbeite ich wieder.
Јас утре повторно работам.
Jas utre powtorno rabotam.

Ich arbeite im Büro.
Јас работам во канцеларија.
Jas rabotam wo kanczelarija.

10 [zehn]

Gestern – heute – morgen

10 [десет]
10 [deset]

Вчера – денес – утре
Wtschera – denes – utre

Wer ist das?	Кој е ова? Koj je owa?
Das ist Peter.	Ова е Петар. Owa je Petar.
Peter ist Student.	Петар е студент. Petar je student.
Wer ist das?	Кој е ова? Koj je owa?
Das ist Martha.	Ова е Марта. Owa je Marta.
Martha ist Sekretärin.	Марта е секретарка. Marta je sekretarka.
Peter und Martha sind Freunde.	Петар и Марта се пријатели. Petar i Marta se prijateli.
Peter ist der Freund von Martha.	Петар е пријателот на Марта. Petar je prijatelot na Marta.
Martha ist die Freundin von Peter.	Марта е пријателката на Петар. Marta je prijatelkata na Petar.

11 [elf]

Monate

11 [единаесет]
11 [edinaeset]

Месеци
Meseczi

der Januar	јануари januari
der Februar	февруари fewruari
der März	март mart
der April	април april
der Mai	мај maj
der Juni	јуни juni
Das sind sechs Monate.	Ова се шест месеци. Owa se schest meseczi.
Januar, Februar, März,	јануари, февруари, март, januari, fewruari, mart,
April, Mai und Juni.	април, мај и јуни. april, maj i juni.

11 [elf]

Monate

11 [единаесет]
11 [edinaeset]

Месеци
Meseczi

der Juli	јули juli
der August	август awgust
der September	септември septemwri
der Oktober	октомври oktomwri
der November	ноември noemwri
der Dezember	декември dekemwri
Das sind auch sechs Monate.	Ова се исто така шест месеци. Owa se isto taka schest meseczi.
Juli, August, September,	јули, август, септември juli, awgust, septemwri
Oktober, November und Dezember.	октомври, ноември, декември. oktomwri, noemwri, dekemwri.

12 [zwölf]

Getränke

12 [дванаесет]
12 [dwanaeset]

Пијалоци
Pijaloczi

Ich trinke Tee. | Јас пијам чај. Jas pijam tschaj.

Ich trinke Kaffee. | Јас пијам кафе. Jas pijam kafe.

Ich trinke Mineralwasser. | Јас пијам минерална вода. Jas pijam mineralna woda.

Trinkst du Tee mit Zitrone? | Пиеш ли чај со лимон? Piesch li tschaj so limon?

Trinkst du Kaffee mit Zucker? | Пиеш ли кафе со шеќер? Piesch li kafe so schecer?

Trinkst du Wasser mit Eis? | Пиеш ли вода со мраз? Piesch li woda so mras?

Hier ist eine Party. | Овде има забава. Owde ima sabawa.

Die Leute trinken Sekt. | Луѓето пијат шампањско. Luɟeto pijat schampaɲsko.

Die Leute trinken Wein und Bier. | Луѓето пијат вино и пиво. Luɟeto pijat wino i piwo.

12 [zwölf]

12 [дванаесет]
12 [dwanaeset]

Getränke

Пијалоци
Pijaloczi

Trinkst du Alkohol?

Пиеш ли алкохол?
Piesch li alkochol?

Trinkst du Whisky?

Пиеш ли виски?
Piesch li wiski?

Trinkst du Cola mit Rum?

Пиеш ли кола со рум?
Piesch li kola so rum?

Ich mag keinen Sekt.

Јас не сакам шампањско.
Jas ne sakam schampaɲsko.

Ich mag keinen Wein.

Јас не сакам вино.
Jas ne sakam wino.

Ich mag kein Bier.

Јас не сакам пиво.
Jas ne sakam piwo.

Das Baby mag Milch.

Бебето сака млеко.
Bebeto saka mleko.

Das Kind mag Kakao und Apfelsaft.

Детето сака какао и сок од јаболко.
Deteto saka kakao i sok od jabolko.

Die Frau mag Orangensaft und Grapefruitsaft.

Жената сака сок од портокал и сок од грејпфрут.
Schenata saka sok od portokal i sok od grejpfrut.

13 [dreizehn]

13 [тринаесет]
13 [trinaeset]

Tätigkeiten

Активности
Aktiwnosti

Was macht Martha?	Што прави Марта? Schto prawi Marta?
Sie arbeitet im Büro.	Таа работи во канцеларија. Taa raboti wo kanczelarija.
Sie arbeitet am Computer.	Таа работи на компјутер. Taa raboti na kompjuter.
Wo ist Martha?	Каде е Марта? Kade je Marta?
Im Kino.	Во кино. Wo kino.
Sie schaut sich einen Film an.	Таа гледа филм. Taa gleda film.
Was macht Peter?	Што прави Петар? Schto prawi Petar?
Er studiert an der Universität.	Тој студира на универзитет. Toj studira na uniwersitet.
Er studiert Sprachen.	Тој студира јазици. Toj studira jasiczi.

13 [dreizehn]

Tätigkeiten

13 [тринаесет]
13 [trinaeset]

Активности
Aktiwnosti

Wo ist Peter? — Каде е Петар?
Kade je Petar?

Im Café. — Во кафуле.
Wo kafule.

Er trinkt Kaffee. — Тој пие кафе.
Toj pie kafe.

Wohin gehen sie gern? — Каде сакаат да одат тие?
Kade sakaat da odat tie?

Ins Konzert. — На концерт.
Na konczert.

Sie hören gern Musik. — Тие со задоволство слушаат музика.
Tie so sadowolstwo sluschaat musika.

Wohin gehen sie nicht gern? — Каде не сакаат да одат тие ?
Kade ne sakaat da odat tie ?

In die Disco. — Во диско.
Wo disko.

Sie tanzen nicht gern. — Тие не танцуваат со задоволство.
Tie ne tanczuwaat so sadowolstwo.

14 [vierzehn]

Farben

14 [четиринаесет]
14 [tschetirinaeset]

Бои
Boi

Der Schnee ist weiß.
Снегот е бел.
Snegot je bel.

Die Sonne ist gelb.
Сонцето е жолто.
Sonczeto je scholto.

Die Orange ist orange.
Портокалот е портокалов.
Portokalot je portokalow.

Die Kirsche ist rot.
Црешата е црвена.
Czreschata je czrwena.

Der Himmel ist blau.
Небото е сино.
Neboto je sino.

Das Gras ist grün.
Тревата е зелена.
Trewata je selena.

Die Erde ist braun.
Земјата е кафеава.
Semjata je kafeawa.

Die Wolke ist grau.
Облакот е сив.
Oblakot je siw.

Die Reifen sind schwarz.
Автомобилските гуми се црни.
Awtomobilskite gumi se czrni.

14 [vierzehn]

Farben

14 [четиринаесет]
14 [tschetirinaeset]

Бои
Boi

Welche Farbe hat der Schnee? Weiß.	Каква боја има снегот? Бела. Kakwa boja ima snegot? Bela.
Welche Farbe hat die Sonne? Gelb.	Каква боја има сонцето? Жолта. Kakwa boja ima sonczeto? Scholta.
Welche Farbe hat die Orange? Orange.	Каква боја има портокалот? Портокалова. Kakwa boja ima portokalot? Portokalowa.
Welche Farbe hat die Kirsche? Rot.	Каква боја има цреша та? Црвена. Kakwa boja ima czreschata? Czrwena.
Welche Farbe hat der Himmel? Blau.	Каква боја има небото? Сина. Kakwa boja ima neboto? Sina.
Welche Farbe hat das Gras? Grün.	Каква боја има тревата? Зелена. Kakwa boja ima trewata? Selena.
Welche Farbe hat die Erde? Braun.	Каква боја има земјата? Кафеава. Kakwa boja ima semjata? Kafeawa.
Welche Farbe hat die Wolke? Grau.	Каква боја има облакот? Сива. Kakwa boja ima oblakot? Siwa.
Welche Farbe haben die Reifen? Schwarz.	Каква боја имаат автомобилските гуми? Црна. Kakwa boja imaat awtomobilskite gumi? Czrna.

15 [fünfzehn]

Früchte und Lebensmittel

15 [петнаесет]
15 [petnaeset]

Овошје и храна
Owoschje i chrana

Ich habe eine Erdbeere.	Јас имам една јагода. Jas imam jedna jagoda.
Ich habe eine Kiwi und eine Melone.	Јас имам едно киви и една лубеница. Jas imam jedno kiwi i jedna lubenicza.
Ich habe eine Orange und eine Grapefruit.	Јас имам еден портокал и еден грејпфрут. Jas imam jeden portokal i jeden grejpfrut.
Ich habe einen Apfel und eine Mango.	Јас имам едно јаболко и едно манго. Jas imam jedno jabolko i jedno mango.
Ich habe eine Banane und eine Ananas.	Јас имам една банана и еден ананас. Jas imam jedna banana i jeden ananas.
Ich mache einen Obstsalat.	Јас правам овошна салата. Jas prawam owoschna salata.
Ich esse einen Toast.	Јас јадам тост. Jas jadam tost.
Ich esse einen Toast mit Butter.	Јас јадам тост со путер. Jas jadam tost so puter.
Ich esse einen Toast mit Butter und Marmelade.	Јас јадам тост со путер и мармалад. Jas jadam tost so puter i marmalad.

15 [fünfzehn]

Früchte und Lebensmittel

15 [петнаесет]
15 [petnaeset]

Овошје и храна
Owoschje i chrana

Ich esse ein Sandwich.	Јас јадам сендвич. Jas jadam sendwitsch.
Ich esse ein Sandwich mit Margarine.	Јас јадам сендвич со маргарин. Jas jadam sendwitsch so margarin.
Ich esse ein Sandwich mit Margarine und Tomate.	Јас јадам сендвич со маргарин и домати. Jas jadam sendwitsch so margarin i domati.
Wir brauchen Brot und Reis.	Ни треба леб и ориз. Ni treba leb i oris.
Wir brauchen Fisch und Steaks.	Ни треба риба и стек. Ni treba riba i stek.
Wir brauchen Pizza und Spagetti.	Ни треба пица и шпагети. Ni treba picza i schpageti.
Was brauchen wir noch?	Што уште ни треба? Schto uschte ni treba?
Wir brauchen Karotten und Tomaten für die Suppe.	Ни требаат моркови и домати за супата. Ni trebaat morkowi i domati sa supata.
Wo ist ein Supermarkt?	Каде има супермаркет? Kade ima supermarket?

16 [sechzehn]

Jahreszeiten und Wetter

16 [шеснаесет]
16 [schesnaeset]

Годишни времиња и временски услови

Godischni wremiȷa i wremenski uslowi

Das sind die Jahreszeiten:	Ова се годишните времиња: Owa se godischnite wremiȷa:
Der Frühling, der Sommer,	пролет, лето prolet, leto
der Herbst und der Winter.	есен, зима. esen, sima.
Der Sommer ist heiß.	Летото е жешко. Letoto je scheschko.
Im Sommer scheint die Sonne.	Во лето сонцето грее. Wo leto sonczeto gree.
Im Sommer gehen wir gern spazieren.	Во лето одиме со задовослтво да шетаме. Wo leto odime so sadowosltwo da schetame.
Der Winter ist kalt.	Зимата е студена. Simata je studena.
Im Winter schneit oder regnet es.	Во зима снежи или врне. Wo sima sneschi ili wrne.
Im Winter bleiben wir gern zu Hause.	Во зимата остануваме со задовослтво дома. Wo simata ostanuwame so sadowosltwo doma.

16 [sechzehn]

Jahreszeiten und Wetter

16 [шеснаесет]
16 [schesnaeset]

Годишни времиња и временски услови

Godischni wremiǌa i wremenski uslowi

Es ist kalt.	Студено е. Studeno je.
Es regnet.	Врне дожд. Wrne doschd.
Es ist windig.	Ветровито е. Wetrowito je.
Es ist warm.	Топло е. Toplo je.
Es ist sonnig.	Сончево е. Sontschewo je.
Es ist heiter.	Ведро е. Wedro je.
Wie ist das Wetter heute?	Какво е времето денес? Kakwo je wremeto denes?
Es ist kalt heute.	Денес е студено. Denes je studeno.
Es ist warm heute.	Денес е топло. Denes je toplo.

17 [siebzehn]

Im Haus

17 [седумнаесет]
17 [sedumnaeset]

Во куќа
Wo kuca

Hier ist unser Haus.

Еве ја нашата куќа.
Ewe ja naschata kuca.

Oben ist das Dach.

Горе е покривот.
Gore je pokriwot.

Unten ist der Keller.

Долу е подрумот.
Dolu je podrumot.

Hinter dem Haus ist ein Garten.

Позади куќата има градина.
Posadi kucata ima gradina.

Vor dem Haus ist keine Straße.

Пред куќата нема улица.
Pred kucata nema ulicza.

Neben dem Haus sind Bäume.

Покрај куќата има дрвја.
Pokraj kucata ima drwja.

Hier ist meine Wohnung.

Еве го мојот стан.
Ewe go mojot stan.

Hier ist die Küche und das Bad.

Овде се кујната и бањата.
Owde se kujnata i baɲata.

Dort sind das Wohnzimmer und das Schlafzimmer.

Таму се дневната соба и спалната соба.
Tamu se dnewnata soba i spalnata soba.

17 [siebzehn]

Im Haus

17 [седумнаесет]
17 [sedumnaeset]

Во куќа
Wo kuca

Die Haustür ist geschlossen.	Влезната врата е затворена. Wlesnata wrata je satworena.
Aber die Fenster sind offen.	Но прозорците се отворени. No prosorczite se otworeni.
Es ist heiß heute.	Денес е жешко. Denes je scheschko.
Wir gehen in das Wohnzimmer.	Ние одиме во дневната соба. Nie odime wo dnewnata soba.
Dort sind ein Sofa und ein Sessel.	Таму има една софа и една фотеља. Tamu ima jedna sofa i jedna fotelja.
Setzen Sie sich!	Седнете! Sednete!
Dort steht mein Computer.	Таму стои мојот компјутер. Tamu stoi mojot kompjuter.
Dort steht meine Stereoanlage.	Таму стои мојот стерео уред. Tamu stoi mojot stereo ured.
Der Fernseher ist ganz neu.	Телевизорот е сосема нов. Telewisorot je sosema now.

18 [achtzehn]

Hausputz

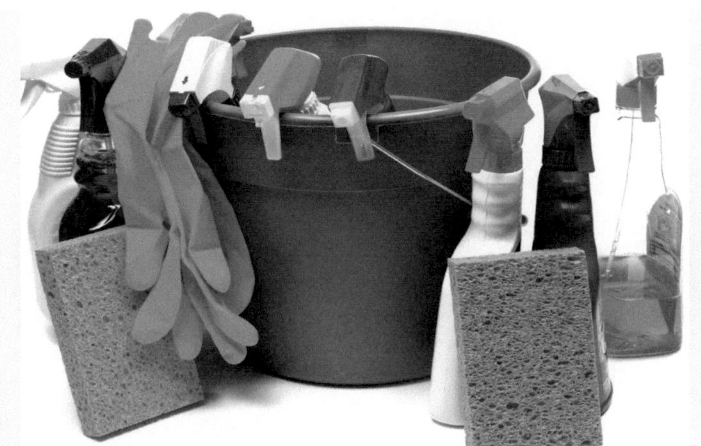

18 [осумнаесет]
18 [osumnaeset]

Чистење на куќата

Tschisteљe na kucata

Heute ist Samstag.	Денес е сабота. Denes je sabota.
Heute haben wir Zeit.	Денес ние имаме време. Denes nie imame wreme.
Heute putzen wir die Wohnung.	Денес ние ќе го чистиме станот. Denes nie ce go tschistime stanot.
Ich putze das Bad.	Јас ја чистам бањата. Jas ja tschistam baњata.
Mein Mann wäscht das Auto.	Мажот ми ја мие колата. Maschot mi ja mie kolata.
Die Kinder putzen die Fahrräder.	Децата ги чистат велосипедите. Deczata gi tschistat welosipedite.
Oma gießt die Blumen.	Баба ги полева цвеќињата. Baba gi polewa czweciњata.
Die Kinder räumen das Kinderzimmer auf.	Децата ја раскреваат детската соба. Deczata ja raskrewaat detskata soba.
Mein Mann räumt seinen Schreibtisch auf.	Мажот ми ја раскрева неговата работна маса. Maschot mi ja raskrewa negowata rabotna masa.

18 [achtzehn]

Hausputz

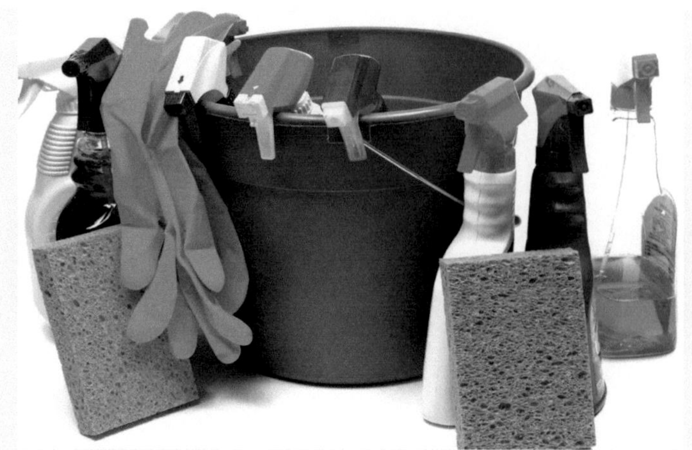

18 [осумнаесет]
18 [osumnaeset]

Чистење на куќата
Tschisteјe na kucata

Ich stecke die Wäsche in die Waschmaschine.	Јас ги ставам алиштата во машината за перење алишта. Jas gi stawam alischtata wo maschinata sa pereјe alischta.
Ich hänge die Wäsche auf.	Јас ги закачувам алиштата. Jas gi sakatschuwam alischtata.
Ich bügele die Wäsche.	Јас ги пеглам алиштата. Jas gi peglam alischtata.
Die Fenster sind schmutzig.	Прозорците се извалкани. Prosorczite se iswalkani.
Der Fußboden ist schmutzig.	Подот е извалкан. Podot je iswalkan.
Das Geschirr ist schmutzig.	Садовите се извалкани. Sadowite se iswalkani.
Wer putzt die Fenster?	Кој ги чисти прозорците? Koj gi tschisti prosorczite?
Wer saugt Staub?	Кој всмукува прашина? Koj wsmukuwa praschina?
Wer spült das Geschirr?	Кој ги мие садовите? Koj gi mie sadowite?

19 [neunzehn]

19 [деветнаесет]
19 [dewetnaeset]

In der Küche

Во кујната
Wo kujnata

Hast du eine neue Küche?	Имаш ли нова кујна? Imasch li nowa kujna?
Was willst du heute kochen?	Што сакаш да готвиш денес? Schto sakasch da gotwisch denes?
Kochst du elektrisch oder mit Gas?	Готвиш ли на електрична струја или на гас? Gotwisch li na jelektritschna struja ili na gas?
Soll ich die Zwiebeln schneiden?	Треба ли да го исечам кромидот? Treba li da go isetscham kromidot?
Soll ich die Kartoffeln schälen?	Треба ли да ги излупам компирите? Treba li da gi islupam kompirite?
Soll ich den Salat waschen?	Треба ли да ја измијам салатата? Treba li da ja ismijam salatata?
Wo sind die Gläser?	Каде се чашите? Kade se tschaschite?
Wo ist das Geschirr?	Каде се садовите? Kade se sadowite?
Wo ist das Besteck?	Каде е приборот за јадење? Kade je priborot sa jadeњe?

19 [neunzehn]

In der Küche

19 [деветнаесет]
19 [dewetnaeset]

Во кујната
Wo kujnata

Hast du einen Dosenöffner?	Имаш ли отварач за конзерви? Imasch li otwaratsch sa konserwi?
Hast du einen Flaschenöffner?	Имаш ли отварач за шишиња? Imasch li otwaratsch sa schischiњa?
Hast du einen Korkenzieher?	Имаш ли извлекувач за плута? Imasch li iswlekuwatsch sa pluta?
Kochst du die Suppe in diesem Topf?	Дали ја готвиш супата во оваа тенџере? Dali ja gotwisch supata wo owaa tendʒere?
Brätst du den Fisch in dieser Pfanne?	Ја пржиш ли рибата во оваа тава? Ja prschisch li ribata wo owaa tawa?
Grillst du das Gemüse auf diesem Grill?	Го печеш ли зеленчукот на оваа скара? Go petschesch li selentschukot na owaa skara?
Ich decke den Tisch.	Јас ја покривам масата. Jas ja pokriwam masata.
Hier sind die Messer, Gabeln und Löffel.	Овде се ножевите, вилушките и лажиците. Owde se noschewite, wiluschkite i laschiczite.
Hier sind die Gläser, die Teller und die Servietten.	Овде се чашите, чиниите и салфетите. Owde se tschaschite, tschiniite i salfetite.

20 [zwanzig]

Small Talk 1

20 [дваесет]
20 [dwaeset]

Мал разговор 1
Mal rasgowor 1

Machen Sie es sich bequem!	Раскомотете се! Raskomotete se!
Fühlen Sie sich wie zu Hause!	Чувствувајте се како дома! Tschuwstwuwajte se kako doma!
Was möchten Sie trinken?	Што сакате да се напиете? Schto sakate da se napiete?
Lieben Sie Musik?	Сакате ли музика? Sakate li musika?
Ich mag klassische Musik.	Јас ја сакам класичната музика. Jas ja sakam klasitschnata musika.
Hier sind meine CDs.	Еве ги моите CD – а. Ewe gi moite CD – a.
Spielen Sie ein Instrument?	Свирите ли на некој инструмент? Swirite li na nekoj instrument?
Hier ist meine Gitarre.	Еве ја мојата гитара. Ewe ja mojata gitara.
Singen Sie gern?	Обожавате ли да пеете ? Oboschawate li da peete ?

20 [zwanzig]

Small Talk 1

20 [дваесет]
20 [dwaeset]

Мал разговор 1
Mal rasgowor 1

Haben Sie Kinder?
Имате ли деца?
Imate li decza?

Haben Sie einen Hund?
Имате ли куче?
Imate li kutsche?

Haben Sie eine Katze?
Имате ли мачка?
Imate li matschka?

Hier sind meine Bücher.
Еве ги моите книги.
Ewe gi moite knigi.

Ich lese gerade dieses Buch.
Јас сега ја читам оваа книга.
Jas sega ja tschitam owaa kniga.

Was lesen Sie gern?
Што обожавате да читате?
Schto oboschawate da tschitate?

Gehen Sie gern ins Konzert?
Обожавате ли да одите на концерт?
Oboschawate li da odite na konczert?

Gehen Sie gern ins Theater?
Одите ли со задоволство во театар?
Odite li so sadowolstwo wo teatar?

Gehen Sie gern in die Oper?
Одите ли радо на опера?
Odite li rado na opera?

21 [einundzwanzig]

Small Talk 2

21 [дваесет и еден]

21 [dwaeset i jeden]

Мал разговор 2

Mal rasgowor 2

Woher kommen Sie?	Од каде доаѓате? Od kade doaǰate?
Aus Basel.	Од Базел. Od Basel.
Basel liegt in der Schweiz.	Базел се наоѓа во Швајцарија. Basel se naoǰa wo Schwajczarija.
Darf ich Ihnen Herrn Müller vorstellen?	Смеам ли да ви го претставам господинот Милер? Smeam li da wi go pretstawam gospodinot Miler?
Er ist Ausländer.	Тој е странец. Toj je stranecz.
Er spricht mehrere Sprachen.	Тој зборува повеќе јазици. Toj sboruwa powece jasiczi.
Sind Sie zum ersten Mal hier?	Дали сте овде по прв пат? Dali ste owde po prw pat?
Nein, ich war schon letztes Jahr hier.	Не, јас веќе бев овде минатата година. Ne, jas wece bew owde minatata godina.
Aber nur eine Woche lang.	Но само една седмица. No samo jedna sedmicza.

21 [einundzwanzig]

Small Talk 2

21 [дваесет и еден]

21 [dwaeset i jeden]

Мал разговор 2

Mal rasgowor 2

Wie gefällt es Ihnen bei uns?	Како Ви се допаѓа кај нас? Kako Wi se dopaѣa kaj nas?
Sehr gut. Die Leute sind nett.	Многу добро. Луѓето се љубезни. Mnogu dobro. Luѣeto se ljubesni.
Und die Landschaft gefällt mir auch.	И околината ми се допаѓа исто така. I okolinata mi se dopaѣa isto taka.
Was sind Sie von Beruf?	Што сте по занимање? Schto ste po sanimaње?
Ich bin Übersetzer.	Јас сум преведувач. Jas sum preweduwatsch.
Ich übersetze Bücher.	Јас преведувам книги. Jas preweduwam knigi.
Sind Sie allein hier?	Дали сте сами овде? Dali ste sami owde?
Nein, meine Frau / mein Mann ist auch hier.	Не, мојата сопруга / мојот сопруг е исто така овде. Ne, mojata sopruga / mojot soprug je isto taka owde.
Und dort sind meine beiden Kinder.	А таму се моите две деца. A tamu se moite dwe decza.

22
[zweiundzwanzig]

Small Talk 3

22 [дваесет и два]
22 [dwaeset i dwa]

Мал разговор 3
Mal rasgowor 3

Rauchen Sie?	Пушите ли? Puschite li?
Früher ja.	Порано да. Porano da.
Aber jetzt rauche ich nicht mehr.	Но сега не пушам повеќе. No sega ne puscham powece.
Stört es Sie, wenn ich rauche?	Ќе Ви пречи ли, ако јас пушам? Ce Wi pretschi li, ako jas puscham?
Nein, absolut nicht.	Не, воопшто не. Ne, woopschto ne.
Das stört mich nicht.	Тоа не ми пречи. Toa ne mi pretschi.
Trinken Sie etwas?	Ќе се напиете ли нешто? Ce se napiete li neschto?
Einen Cognac?	Еден коњак? Eden koȷak?
Nein, lieber ein Bier.	Не, подобро едно пиво. Ne, podobro jedno piwo.

22
[zweiundzwanzig]

Small Talk 3

22 [дваесет и два]
22 [dwaeset i dwa]

Мал разговор 3

Mal rasgowor 3

Reisen Sie viel?
Патувате ли многу?
Patuwate li mnogu?

Ja, meistens sind das Geschäftsreisen.
Да, тоа се најчесто службени патувања.
Da, toa se najtschesto sluschbeni patuwaњa.

Aber jetzt machen wir hier Urlaub.
Но сега сме овде на одмор.
No sega sme owde na odmor.

Was für eine Hitze!
Каква горештина!
Kakwa goreschtina!

Ja, heute ist es wirklich heiß.
Да, денес е навистина жешко.
Da, denes je nawistina scheschko.

Gehen wir auf den Balkon.
Одиме на балконот.
Odime na balkonot.

Morgen gibt es hier eine Party.
Утре овде ќе има забава.
Utre owde ce ima sabawa.

Kommen Sie auch?
Ќе дојдете ли и Вие?
Ce dojdete li i Wie?

Ja, wir sind auch eingeladen.
Да, и ние исто така сме поканети.
Da, i nie isto taka sme pokaneti.

23 [dreiundzwanzig]

Fremdsprachen lernen

23 [дваесет и три]
23 [dwaeset i tri]

Учење на странски јазици
Utscheȷe na stranski jasiczi

Wo haben Sie Spanisch gelernt?	Каде учевте шпански? Kade utschewte schpanski?
Können Sie auch Portugiesisch?	Знаете ли исто така и португалски? Snaete li isto taka i portugalski?
Ja, und ich kann auch etwas Italienisch.	Да, а исто така знам и нешто италијански. Da, a isto taka snam i neschto italijanski.
Ich finde, Sie sprechen sehr gut.	Јас мислам дека Вие зборувате многу добро. Jas mislam deka Wie sboruwate mnogu dobro.
Die Sprachen sind ziemlich ähnlich.	Јазиците се прилично слични. Jasiczite se prilitschno slitschni.
Ich kann sie gut verstehen.	Јас можам добро да ги разберам. Jas moscham dobro da gi rasberam.
Aber sprechen und schreiben ist schwer.	Но говорењето и пишувањето е тешко. No goworeȷeto i pischuwaȷeto je teschko.
Ich mache noch viele Fehler.	Јас уште правам многу грешки. Jas uschte prawam mnogu greschki.
Bitte korrigieren Sie mich immer.	Ве молам поправајте ме секогаш. We molam poprawajte me sekogasch.

23 [dreiundzwanzig]

Fremdsprachen lernen

23 [дваесет и три]
23 [dwaeset i tri]

Учење на странски јазици
Utscheɉe na stranski jasiczi

Ihre Aussprache ist ganz gut.	Вашиот изговор е сосема добар. Waschiot isgowor je sosema dobar.
Sie haben einen kleinen Akzent.	Имате еден мал акцент. Imate jeden mal akczent.
Man erkennt, woher Sie kommen.	Човек препознава од каде доаѓате. Tschowek preposnawa od kade doaɉate.
Was ist Ihre Muttersprache?	Кој е вашиот мајчин јазик? Koj je waschiot majtschin jasik?
Machen Sie einen Sprachkurs?	Посетувате ли курс за јазици? Posetuwate li kurs sa jasiczi?
Welches Lehrwerk benutzen Sie?	Која наставна метода ја користите? Koja nastawna metoda ja koristite?
Ich weiß im Moment nicht, wie das heißt.	Во моментов не знам како се вика. Wo momentow ne snam kako se wika.
Mir fällt der Titel nicht ein.	Неможам да се сетам на насловот. Nemoscham da se setam na naslowot.
Ich habe das vergessen.	Го заборавив. Go saborawiw.

24 [vierundzwanzig]

Verabredung

24 [дваесет и четири]
24 [dwaeset i tschetiri]

Состанок / Средба
Sostanok / Sredba

Hast du den Bus verpasst?	Го пропушти ли автобусот? Go propuschti li awtobusot?
Ich habe eine halbe Stunde auf dich gewartet.	Те чекав половина час. Te tschekaw polowina tschas.
Hast du kein Handy bei dir?	Немаш ли мобилен со себе? Nemasch li mobilen so sebe?
Sei das nächste Mal pünktlich!	Следниот пат биди точен / точна! Sledniot pat bidi totschen / totschna!
Nimm das nächste Mal ein Taxi!	Следниот пат земи такси! Sledniot pat semi taksi!
Nimm das nächste Mal einen Regenschirm mit!	Следниот пат земи еден чадор со себе! Sledniot pat semi jeden tschador so sebe!
Morgen habe ich frei.	Утре сум слободен / слободна. Utre sum sloboden / slobodna.
Wollen wir uns morgen treffen?	Ќе се сретнеме ли утре? Ce se sretneme li utre?
Tut mir Leid, morgen geht es bei mir nicht.	Жал ми е, но јас не можам утре. Schal mi je, no jas ne moscham utre.

24 [vierundzwanzig]

Verabredung

24 [дваесет и четири]
24 [dwaeset i tschetiri]

Состанок / Средба
Sostanok / Sredba

Hast du dieses Wochenende schon etwas vor?	Имаш ли нешто планирано за викендов? Imasch li neschto planirano sa wikendow?
Oder bist du schon verabredet?	Или пак си веќе договорен / договорена? Ili pak si wece dogoworen / dogoworena?
Ich schlage vor, wir treffen uns am Wochenende.	Предлагам да се сретнеме за викендот. Predlagam da se sretneme sa wikendot.
Wollen wir Picknick machen?	Ќе правиме ли пикник? Ce prawime li piknik?
Wollen wir an den Strand fahren?	Ќе одиме ли на плажа? Ce odime li na plascha?
Wollen wir in die Berge fahren?	Ќе одиме ли на планина? Ce odime li na planina?
Ich hole dich vom Büro ab.	Ќе те земам од канцеларијата. Ce te semam od kanczelarijata.
Ich hole dich von zu Hause ab.	Ќе те земам од дома. Ce te semam od doma.
Ich hole dich an der Bushaltestelle ab.	Ќе те земам од автобуската станица. Ce te semam od awtobuskata stanicza.

25 [fünfundzwanzig]

In der Stadt

25 [дваесет и пет]
25 [dwaeset i pet]

Во градот
Wo gradot

Ich möchte zum Bahnhof.
Би сакал / сакала кон железничката станица.
Bi sakal / sakala kon schelesnitschkata stanicza.

Ich möchte zum Flughafen.
Би сакал / сакала кон аеродромот.
Bi sakal / sakala kon aerodromot.

Ich möchte ins Stadtzentrum.
Би сакал / сакала во центарот на градот.
Bi sakal / sakala wo czentarot na gradot.

Wie komme ich zum Bahnhof?
Како да стигнам до железничката станица?
Kako da stignam do schelesnitschkata stanicza?

Wie komme ich zum Flughafen?
Како да стигнам до аеродромот?
Kako da stignam do aerodromot?

Wie komme ich ins Stadtzentrum?
Како да стигнам до центарот на градот?
Kako da stignam do czentarot na gradot?

Ich brauche ein Taxi.
Ми треба такси.
Mi treba taksi.

Ich brauche einen Stadtplan.
Ми треба карта на градот.
Mi treba karta na gradot.

Ich brauche ein Hotel.
Ми треба хотел.
Mi treba chotel.

25 [fünfundzwanzig]

In der Stadt

25 [дваесет и пет]
25 [dwaeset i pet]

Во градот
Wo gradot

Ich möchte ein Auto mieten.	Би сакал / сакала да изнајмам еден автомобил. Bi sakal / sakala da isnajmam jeden awtomobil.
Hier ist meine Kreditkarte.	Еве ја мојата кредитна картичка. Ewe ja mojata kreditna kartitschka.
Hier ist mein Führerschein.	Еве ја мојата возачка дозвола. Ewe ja mojata wosatschka doswola.
Was gibt es in der Stadt zu sehen?	Што има да се види во градот? Schto ima da se widi wo gradot?
Gehen Sie in die Altstadt.	Појдете во стариот дел на градот. Pojdete wo stariot del na gradot.
Machen Sie eine Stadtrundfahrt.	Направете една градска обиколка. Naprawete jedna gradska obikolka.
Gehen Sie zum Hafen.	Појдете на пристаништето. Pojdete na pristanischteto.
Machen Sie eine Hafenrundfahrt.	Направете една пристанишна обиколка. Naprawete jedna pristanischna obikolka.
Welche Sehenswürdigkeiten gibt es außerdem noch?	Кои други знаменитости ги има освен тоа? Koi drugi snamenitosti gi ima oswen toa?

26 [sechsundzwanzig]

In der Natur

26 [дваесет и шест]

26 [dwaeset i schest]

Во природа

Wo priroda

Siehst du dort den Turm?	Ја гледаш ли кулата таму? Ja gledasch li kulata tamu?
Siehst du dort den Berg?	Ја гледаш ли планината таму? Ja gledasch li planinata tamu?
Siehst du dort das Dorf?	Го гледаш ли селото таму? Go gledasch li seloto tamu?
Siehst du dort den Fluss?	Ја гледаш ли реката таму? Ja gledasch li rekata tamu?
Siehst du dort die Brücke?	Го гледаш ли мостот таму? Go gledasch li mostot tamu?
Siehst du dort den See?	Го гледаш ли езерото таму? Go gledasch li jeseroto tamu?
Der Vogel da gefällt mir.	Таа птица таму, ми се допаѓа. Taa pticza tamu, mi se dopaȷa.
Der Baum da gefällt mir.	Тоа дрво таму, ми се допаѓа. Toa drwo tamu, mi se dopaȷa.
Der Stein hier gefällt mir.	Тој камен овде, ми се допаѓа. Toj kamen owde, mi se dopaȷa.

26
[sechsundzwanzig]

In der Natur

26 [дваесет и шест]
26 [dwaeset i schest]

Во природа
Wo priroda

Der Park da gefällt mir.	Тој парк таму, ми се допаѓа. Toj park tamu, mi se dopaǵa.
Der Garten da gefällt mir.	Таа градина таму, ми се допаѓа. Taa gradina tamu, mi se dopaǵa.
Die Blume hier gefällt mir.	Тоа цвеќе овде ми се допаѓа. Toa czwece owde mi se dopaǵa.
Ich finde das hübsch.	Мислам дека ова е убаво. Mislam deka owa je ubawo.
Ich finde das interessant.	Мислам дека ова е интересно. Mislam deka owa je interesno.
Ich finde das wunderschön.	Мислам дека ова е прекрасно. Mislam deka owa je prekrasno.
Ich finde das hässlich.	Мислам дека ова е грдо. Mislam deka owa je grdo.
Ich finde das langweilig.	Мислам дека ова е досадно. Mislam deka owa je dosadno.
Ich finde das furchtbar.	Мислам дека ова е ужасно. Mislam deka owa je uschasno.

27 [siebenundzwanzig]

Im Hotel – Ankunft

27 [дваесет и седум]
27 [dwaeset i sedum]

Во хотел – пристигнување

Wo chotel – pristignuwaɲe

Haben Sie ein Zimmer frei?	Имате ли една слободна соба? Imate li jedna slobodna soba?
Ich habe ein Zimmer reserviert.	Јас резервирав една соба. Jas reserwiraw jedna soba.
Mein Name ist Müller.	Моето презиме е Милер. Moeto presime je Miler.
Ich brauche ein Einzelzimmer.	Ми треба една еднокреветна соба. Mi treba jedna jednokrewetna soba.
Ich brauche ein Doppelzimmer.	Ми треба една двокреветна соба. Mi treba jedna dwokrewetna soba.
Wie viel kostet das Zimmer pro Nacht?	Колку чини собата за една вечер? Kolku tschini sobata sa jedna wetscher?
Ich möchte ein Zimmer mit Bad.	Јас би сакал / сакала една соба со бања. Jas bi sakal / sakala jedna soba so baɲa.
Ich möchte ein Zimmer mit Dusche.	Јас би сакал / сакала една соба со туш. Jas bi sakal / sakala jedna soba so tusch.
Kann ich das Zimmer sehen?	Можам ли да ја погледнам собата? Moscham li da ja poglednam sobata?

27 [siebenundzwanzig]

Im Hotel – Ankunft

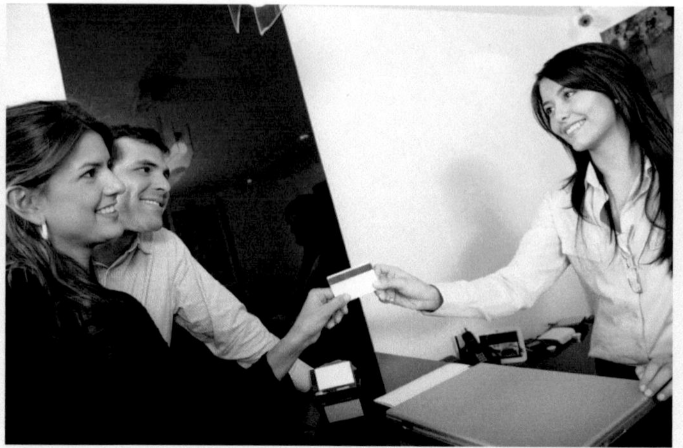

27 [дваесет и седум]
27 [dwaeset i sedum]

Во хотел – пристигнување
Wo chotel – pristignuwaǌe

Gibt es hier eine Garage?	Има ли овде гаража? Ima li owde garascha?
Gibt es hier einen Safe?	Има ли овде сеф? Ima li owde sef?
Gibt es hier ein Fax?	Има ли овде факс? Ima li owde faks?
Gut, ich nehme das Zimmer.	Добро, ќе ја земам собата. Dobro, ce ja semam sobata.
Hier sind die Schlüssel.	Еве ги клучевите. Ewe gi klutschewite.
Hier ist mein Gepäck.	Еве го мојот багаж. Ewe go mojot bagasch.
Um wie viel Uhr gibt es Frühstück?	Во колку часот е појадокот? Wo kolku tschasot je pojadokot?
Um wie viel Uhr gibt es Mittagessen?	Во колку часот е ручекот? Wo kolku tschasot je rutschekot?
Um wie viel Uhr gibt es Abendessen?	Во колку часот е вечерата? Wo kolku tschasot je wetscherata?

28
[achtundzwanzig]

Im Hotel – Beschwerden

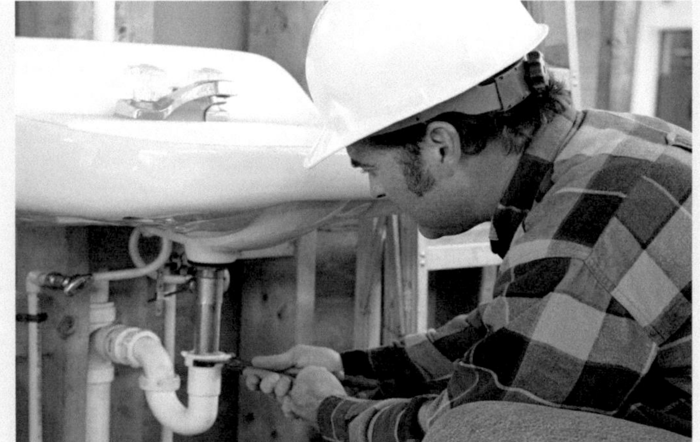

28 [дваесет и осум]
28 [dwaeset i osum]

Во хотел – поплаки
Wo chotel – poplaki

Die Dusche funktioniert nicht. | Тушот не работи.
Tuschot ne raboti.

Es kommt kein warmes Wasser. | Нема топла вода.
Nema topla woda.

Können Sie das reparieren lassen? | Можете ли тоа да го поправите?
Moschete li toa da go poprawite?

Es gibt kein Telefon im Zimmer. | Во собата нема телефон.
Wo sobata nema telefon.

Es gibt keinen Fernseher im Zimmer. | Во собата нема телевизор.
Wo sobata nema telewisor.

Das Zimmer hat keinen Balkon. | Собата нема балкон.
Sobata nema balkon.

Das Zimmer ist zu laut. | Собата е премногу гласна.
Sobata je premnogu glasna.

Das Zimmer ist zu klein. | Собата е премногу мала.
Sobata je premnogu mala.

Das Zimmer ist zu dunkel. | Собата е премногу темна.
Sobata je premnogu temna.

28
[achtundzwanzig]

Im Hotel – Beschwerden

28 [дваесет и осум]
28 [dwaeset i osum]

Во хотел – поплаки
Wo chotel – poplaki

Die Heizung funktioniert nicht.	Парното не работи. Parnoto ne raboti.
Die Klimaanlage funktioniert nicht.	Клима уредот не работи. Klima uredot ne raboti.
Der Fernseher ist kaputt.	Телевизорот е расипан. Telewisorot je rasipan.
Das gefällt mir nicht.	Тоа не ми се допаѓа. Toa ne mi se dopaɉa.
Das ist mir zu teuer.	Тоа ми е прескапо. Toa mi je preskapo.
Haben Sie etwas Billigeres?	Дали имате нешто поефтино? Dali imate neschto poeftino?
Gibt es hier in der Nähe eine Jugendherberge?	Има ли овде во близина хостел? Ima li owde wo blisina chostel?
Gibt es hier in der Nähe eine Pension?	Има ли овде во близина пансион? Ima li owde wo blisina pansion?
Gibt es hier in der Nähe ein Restaurant?	Има ли овде во близина ресторан? Ima li owde wo blisina restoran?

29
[neunundzwanzig]

Im Restaurant 1

29 [дваесет и девет]
29 [dwaeset i dewet]

Во ресторан 1
Wo restoran 1

Ist der Tisch frei?	Дали е слободна масава? Dali je slobodna masawa?
Ich möchte bitte die Speisekarte.	Ве молам, ми треба менито. We molam, mi treba menito.
Was können Sie empfehlen?	Што би можеле да препорачате? Schto bi moschele da preporatschate?
Ich hätte gern ein Bier.	Јас би сакал / сакала едно пиво. Jas bi sakal / sakala jedno piwo.
Ich hätte gern ein Mineralwasser.	Јас би сакал / сакала една минерална вода. Jas bi sakal / sakala jedna mineralna woda.
Ich hätte gern einen Orangensaft.	Би сакал / сакала еден сок од портокал. Bi sakal / sakala jeden sok od portokal.
Ich hätte gern einen Kaffee.	Јас би сакал / сакала едно кафе. Jas bi sakal / sakala jedno kafe.
Ich hätte gern einen Kaffee mit Milch.	Јас би сакал / сакала едно кафе со млеко. Jas bi sakal / sakala jedno kafe so mleko.
Mit Zucker, bitte.	Со шеќер, молам. So schecer, molam.

29
[neunundzwanzig]

29 [дваесет и девет]
29 [dwaeset i dewet]

Im Restaurant 1

Во ресторан 1
Wo restoran 1

Ich möchte einen Tee. | Јас би сакал / сакала еден чај.
Jas bi sakal / sakala jeden tschaj.

Ich möchte einen Tee mit Zitrone. | Јас би сакал / сакала еден чај со лимон.
Jas bi sakal / sakala jeden tschaj so limon.

Ich möchte einen Tee mit Milch. | Јас би сакал / сакала еден чај со млеко.
Jas bi sakal / sakala jeden tschaj so mleko.

Haben Sie Zigaretten? | Имате ли цигари?
Imate li czigari?

Haben Sie einen Aschenbecher? | Имате ли еден пепелник?
Imate li jeden pepelnik?

Haben Sie Feuer? | Имате ли запалака?
Imate li sapalaka?

Mir fehlt eine Gabel. | Мене ми фали една вилушка.
Mene mi fali jedna wiluschka.

Mir fehlt ein Messer. | Мене ми фали еден нож.
Mene mi fali jeden nosch.

Mir fehlt ein Löffel. | Мене ми фали една лажица.
Mene mi fali jedna laschicza.

30 [dreißig]

30 [триесет]
30 [trieset]

Im Restaurant 2

Во ресторан 2
Wo restoran 2

Einen Apfelsaft, bitte.	Еден сок од јаболко, молам. Eden sok od jabolko, molam.
Eine Limonade, bitte.	Една лимонада, молам. Edna limonada, molam.
Einen Tomatensaft, bitte.	Еден сок од домати, молам. Eden sok od domati, molam.
Ich hätte gern ein Glas Rotwein.	Јас би сакал / сакала една чаша црвено вино. Jas bi sakal / sakala jedna tschascha czrweno wino.
Ich hätte gern ein Glas Weißwein.	Јас би сакал / сакала една чаша бело вино. Jas bi sakal / sakala jedna tschascha belo wino.
Ich hätte gern eine Flasche Sekt.	Јас би сакал / сакала едно шише шампањско. Jas bi sakal / sakala jedno schische schampaɲsko.
Magst du Fisch?	Сакаш ли риба? Sakasch li riba?
Magst du Rindfleisch?	Сакаш ли говедско месо? Sakasch li gowedsko meso?
Magst du Schweinefleisch?	Сакаш ли свинско месо? Sakasch li swinsko meso?

30 [dreißig]

Im Restaurant 2

30 [триесет]
30 [trieset]

Во ресторан 2
Wo restoran 2

Ich möchte etwas ohne Fleisch.	Јас би сакал / сакала нешто без месо. Jas bi sakal / sakala neschto bes meso.
Ich möchte eine Gemüseplatte.	Јас би сакал / сакала една чинија со зеленчук. Jas bi sakal / sakala jedna tschinija so selentschuk.
Ich möchte etwas, was nicht lange dauert.	Јас би сакал / сакала нешто, што не трае долго. Jas bi sakal / sakala neschto, schto ne trae dolgo.
Möchten Sie das mit Reis?	Го сакате ли ова со ориз? Go sakate li owa so oris?
Möchten Sie das mit Nudeln?	Го сакате ли ова со тестенини? Go sakate li owa so testenini?
Möchten Sie das mit Kartoffeln?	Го сакате ли ова со компири? Go sakate li owa so kompiri?
Das schmeckt mir nicht.	Ова не ми е вкусно. Owa ne mi je wkusno.
Das Essen ist kalt.	Јадењето е студено. Jadeњeto je studeno.
Das habe ich nicht bestellt.	Јас ова не го нарачав. Jas owa ne go naratschaw.

31 [einunddreißig]

Im Restaurant 3

31 [триесет и еден]
31 [trieset i jeden]

Во ресторан 3
Wo restoran 3

Ich möchte eine Vorspeise.
Јас би сакал / сакала едно предјадење.
Jas bi sakal / sakala jedno predjadeңe.

Ich möchte einen Salat.
Јас би сакал / сакала една салата.
Jas bi sakal / sakala jedna salata.

Ich möchte eine Suppe.
Јас би сакал / сакала една супа.
Jas bi sakal / sakala jedna supa.

Ich möchte einen Nachtisch.
Јас би сакал / сакала еден десерт.
Jas bi sakal / sakala jeden desert.

Ich möchte ein Eis mit Sahne.
Јас би сакал / сакала еден сладолед со шлаг.
Jas bi sakal / sakala jeden sladoled so schlag.

Ich möchte Obst oder Käse.
Јас би сакал / сакала овошје или сирење.
Jas bi sakal / sakala owoschje ili sireңe.

Wir möchten frühstücken.
Ние сакаме да појадуваме.
Nie sakame da pojaduwame.

Wir möchten zu Mittag essen.
Ние сакаме да ручаме.
Nie sakame da rutschame.

Wir möchten zu Abend essen.
Ние сакаме да вечераме.
Nie sakame da wetscherame.

31 [einunddreißig]

Im Restaurant 3

31 [триесет и еден]
31 [trieset i jeden]

Во ресторан 3
Wo restoran 3

Was möchten Sie zum Frühstück?
Што сакате за појадок?
Schto sakate sa pojadok?

Brötchen mit Marmelade und Honig?
Лепчиња со мармалад и мед?
Leptschiьa so marmalad i med?

Toast mit Wurst und Käse?
Тост со колбаси и сирење?
Tost so kolbasi i sireьe?

Ein gekochtes Ei?
Едно варено јајце?
Edno wareno jajcze?

Ein Spiegelei?
Едно јајце на око?
Edno jajcze na oko?

Ein Omelett?
Еден омлет?
Eden omlet?

Bitte noch einen Joghurt.
Молам, уште еден јогурт.
Molam, uschte jeden jogurt.

Bitte noch Salz und Pfeffer.
Молам, уште сол и бибер.
Molam, uschte sol i biber.

Bitte noch ein Glas Wasser.
Молам, уште една чаша вода.
Molam, uschte jedna tschascha woda.

32 [zweiunddreißig]

Im Restaurant 4

32 [триесет и два]
32 [trieset i dwa]

Во ресторан 4
Wo restoran 4

Einmal Pommes frites mit Ketchup.	Една порција помфрит со кечап. Edna porczija pomfrit so ketschap.
Und zweimal mit Mayonnaise.	И две со мајонез. I dwe so majones.
Und dreimal Bratwurst mit Senf.	И три порции со пржен колбас со сенф. I tri porczii so prschen kolbas so senf.
Was für Gemüse haben Sie?	Каков зеленчук имате? Kakow selentschuk imate?
Haben Sie Bohnen?	Имате ли грав? Imate li graw?
Haben Sie Blumenkohl?	Имате ли карфиол? Imate li karfiol?
Ich esse gern Mais.	Јас со задоволство јадам пченка. Jas so sadowolstwo jadam ptschenka.
Ich esse gern Gurken.	Јас обожавам да јадам краставици. Jas oboschawam da jadam krastawiczi.
Ich esse gern Tomaten.	Јас радо јадам домати. Jas rado jadam domati.

32 [zweiunddreißig]

Im Restaurant 4

32 [триесет и два]
32 [trieset i dwa]

Во ресторан 4
Wo restoran 4

Essen Sie auch gern Lauch?	Јадете ли исто така радо и лук? Jadete li isto taka rado i luk?
Essen Sie auch gern Sauerkraut?	Обожавате ли да јадете исто така и кисела зелка? Oboschawate li da jadete isto taka i kisela selka?
Essen Sie auch gern Linsen?	Обожавате ли да јадете исто така и леќа? Oboschawate li da jadete isto taka i leca?
Isst du auch gern Karotten?	Јадеш ли исто така со задоволство и моркови? Jadesch li isto taka so sadowolstwo i morkowi?
Isst du auch gern Brokkoli?	Јадеш ли исто така радо и броколи? Jadesch li isto taka rado i brokoli?
Isst du auch gern Paprika?	Обожаваш ли да јадеш исто така и пиперки? Oboschawasch li da jadesch isto taka i piperki?
Ich mag keine Zwiebeln.	Јас не сакам кромид. Jas ne sakam kromid.
Ich mag keine Oliven.	Јас не сакам маслинки. Jas ne sakam maslinki.
Ich mag keine Pilze.	Јас не сакам печурки. Jas ne sakam petschurki.

33 [dreiunddreißig]

Im Bahnhof

33 [триесет и три]
33 [trieset i tri]

На железничка станица
Na schelesnitschka stanicza

Wann fährt der nächste Zug nach Berlin?	Кога тргнува следниот воз за Берлин? Koga trgnuwa sledniot wos sa Berlin?
Wann fährt der nächste Zug nach Paris?	Кога тргнува следниот воз за Париз? Koga trgnuwa sledniot wos sa Paris?
Wann fährt der nächste Zug nach London?	Кога тргнува следниот воз за Лондон? Koga trgnuwa sledniot wos sa London?
Um wie viel Uhr fährt der Zug nach Warschau?	Во колку часот тргнува возот за Варшава? Wo kolku tschasot trgnuwa wosot sa Warschawa?
Um wie viel Uhr fährt der Zug nach Stockholm?	Во колку часот тргнува возот за Стокхолм? Wo kolku tschasot trgnuwa wosot sa Stokcholm?
Um wie viel Uhr fährt der Zug nach Budapest?	Во колку часот тргнува возот за Будимпешта? Wo kolku tschasot trgnuwa wosot sa Budimpeschta?
Ich möchte eine Fahrkarte nach Madrid.	Јас би сакал / сакала еден билет за Мадрид. Jas bi sakal / sakala jeden bilet sa Madrid.
Ich möchte eine Fahrkarte nach Prag.	Јас би сакал / сакала еден билет за Прага. Jas bi sakal / sakala jeden bilet sa Praga.
Ich möchte eine Fahrkarte nach Bern.	Јас би сакал / сакала еден билет за Берн. Jas bi sakal / sakala jeden bilet sa Bern.

33 [dreiunddreißig]

Im Bahnhof

33 [триесет и три]
33 [trieset i tri]

На железничка станица
Na schelesnitschka stanicza

Wann kommt der Zug in Wien an?
Кога пристигнува возот во Виена?
Koga pristignuwa wosot wo Wiena?

Wann kommt der Zug in Moskau an?
Кога пристигнува возот во Москва?
Koga pristignuwa wosot wo Moskwa?

Wann kommt der Zug in Amsterdam an?
Кога пристигнува возот во Амстердам?
Koga pristignuwa wosot wo Amsterdam?

Muss ich umsteigen?
Дали морам да се прекачувам?
Dali moram da se prekatschuwam?

Von welchem Gleis fährt der Zug ab?
Од кој перон тргнува возот?
Od koj peron trgnuwa wosot?

Gibt es Schlafwagen im Zug?
Има ли вагон за спиење во возот?
Ima li wagon sa spieјe wo wosot?

Ich möchte nur die Hinfahrt nach Brüssel.
Би сакал / сакала само за патување во еден правец за Брисел.
Bi sakal / sakala samo sa patuwaјe wo jeden prawecz sa Brisel.

Ich möchte eine Rückfahrkarte nach Kopenhagen.
Би сакал / сакала еден повратен билет за Копенхаген.
Bi sakal / sakala jeden powraten bilet sa Kopenchagen.

Was kostet ein Platz im Schlafwagen?
Колку чини едно место во вагонот за спиење?
Kolku tschini jedno mesto wo wagonot sa spieјe?

34 [vierunddreißig]

Im Zug

34 [триесет и четири]
34 [trieset i tschetiri]

Во воз
Wo wos

Ist das der Zug nach Berlin?	Дали ова е возот за Берлин? Dali owa je wosot sa Berlin?
Wann fährt der Zug ab?	Кога тргнува возот? Koga trgnuwa wosot?
Wann kommt der Zug in Berlin an?	Кога пристигнува возот во Берлин? Koga pristignuwa wosot wo Berlin?
Verzeihung, darf ich vorbei?	Простете, смеам ли да поминам? Prostete, smeam li da pominam?
Ich glaube, das ist mein Platz.	Мислам дека ова е моето место. Mislam deka owa je moeto mesto.
Ich glaube, Sie sitzen auf meinem Platz.	Мислам дека Вие седите на моето место. Mislam deka Wie sedite na moeto mesto.
Wo ist der Schlafwagen?	Каде е вагонот за спиење? Kade je wagonot sa spieɉe?
Der Schlafwagen ist am Ende des Zuges.	Вагонот за спиење е на крајот од возот. Wagonot sa spieɉe je na krajot od wosot.
Und wo ist der Speisewagen? – Am Anfang.	А каде е вагонот за јадење? – На почетокот. A kade je wagonot sa jadeɉe? – Na potschetokot.

34 [vierunddreißig]

Im Zug

34 [триесет и четири]
34 [trieset i tschetiri]

Во воз
Wo wos

Kann ich unten schlafen?	Можам ли да спијам долу? Moscham li da spijam dolu?
Kann ich in der Mitte schlafen?	Можам ли да спијам во средината? Moscham li da spijam wo sredinata?
Kann ich oben schlafen?	Можам ли да спијам горе? Moscham li da spijam gore?
Wann sind wir an der Grenze?	Кога ќе бидеме на границата? Koga ce bideme na graniczata?
Wie lange dauert die Fahrt nach Berlin?	Колку долго трае патувањето до Берлин? Kolku dolgo trae patuwaјeto do Berlin?
Hat der Zug Verspätung?	Дали возот доцни? Dali wosot doczni?
Haben Sie etwas zu lesen?	Имате ли нешто за читање? Imate li neschto sa tschitaјe?
Kann man hier etwas zu essen und zu trinken bekommen?	Може ли човек овде да добие нешто за јадење и за пиење? Mosche li tschowek owde da dobie neschto sa jadeјe i sa pieјe?
Würden Sie mich bitte um 7.00 Uhr wecken?	Дали би ме разбудиле во 7.00 часот Ве молам? Dali bi me rasbudile wo 7.00 tschasot We molam?

35 [fünfunddreißig]

Am Flughafen

35 [триесет и пет]
35 [trieset i pet]

На аеродром
Na aerodrom

Ich möchte einen Flug nach Athen buchen.	Би сакал / сакала да резервирам еден лет за Атина. Bi sakal / sakala da reserwiram jeden let sa Atina.
Ist das ein Direktflug?	Дали е тоа е директен лет? Dali je toa je direkten let?
Bitte einen Fensterplatz, Nichtraucher.	Ве молам едно место до прозорецот, непушач. We molam jedno mesto do prosoreczot, nepuschatsch.
Ich möchte meine Reservierung bestätigen.	Би сакал / сакала да ја потврдам мојата резервација. Bi sakal / sakala da ja potwrdam mojata reserwaczija.
Ich möchte meine Reservierung stornieren.	Би сакал / сакала да ја откажам мојата резервација. Bi sakal / sakala da ja otkascham mojata reserwaczija.
Ich möchte meine Reservierung umbuchen.	Би сакал / сакала да ја променам мојата резервација. Bi sakal / sakala da ja promenam mojata reserwaczija.
Wann geht die nächste Maschine nach Rom?	Кога оди следната машина за Рим? Koga odi slednata maschina sa Rim?
Sind noch zwei Plätze frei?	Дали има уште две слободни места? Dali ima uschte dwe slobodni mesta?
Nein, wir haben nur noch einen Platz frei.	Не, имаме само уште едно слободно место. Ne, imame samo uschte jedno slobodno mesto.

35 [fünfunddreißig]

Am Flughafen

35 [триесет и пет]
35 [trieset i pet]

На аеродром
Na aerodrom

Wann landen wir?	Кога слетуваме? Koga sletuwame?
Wann sind wir da?	Кога ќе сме таму? Koga ce sme tamu?
Wann fährt ein Bus ins Stadtzentrum?	Кога има автобус до центарот на градот? Koga ima awtobus do czentarot na gradot?
Ist das Ihr Koffer?	Ова е вашиот куфер? Owa je waschiot kufer?
Ist das Ihre Tasche?	Ова е вашата ташна? Owa je waschata taschna?
Ist das Ihr Gepäck?	Ова е вашиот багаж? Owa je waschiot bagasch?
Wie viel Gepäck kann ich mitnehmen?	Колку багаж можам да земам со себе? Kolku bagasch moscham da semam so sebe?
Zwanzig Kilo.	Дваесет килограми. Dwaeset kilogrami.
Was, nur zwanzig Kilo?	Што, само дваесет килограми? Schto, samo dwaeset kilogrami?

36
[sechsunddreißig]

Öffentlicher Nahverkehr

36 [триесет и шест]
36 [trieset i schest]

Јавен сообраќај

Jawen soobracaj

Wo ist die Bushaltestelle?	Каде е автобуската станица? Kade je awtobuskata stanicza?
Welcher Bus fährt ins Zentrum?	Кој автобус вози во центарот? Koj awtobus wosi wo czentarot?
Welche Linie muss ich nehmen?	Која линија морам да ја земам? Koja linija moram da ja semam?
Muss ich umsteigen?	Дали морам да се прекачувам? Dali moram da se prekatschuwam?
Wo muss ich umsteigen?	Каде морам да се прекачам? Kade moram da se prekatscham?
Was kostet ein Fahrschein?	Колку чини еден возен билет? Kolku tschini jeden wosen bilet?
Wie viele Haltestellen sind es bis zum Zentrum?	Колку автобуски станици има до центарот? Kolku awtobuski staniczi ima do czentarot?
Sie müssen hier aussteigen.	Овде морате да се симнете. Owde morate da se simnete.
Sie müssen hinten aussteigen.	Морате да се симнете позади. Morate da se simnete posadi.

36
[sechsunddreißig]

Öffentlicher Nahverkehr

36 [триесет и шест]
36 [trieset i schest]

Јавен сообраќај
Jawen soobracaj

Die nächste U-Bahn kommt in 5 Minuten.	Следното метро доаѓа за 5 минути. Slednoto metro doaǵa sa 5 minuti.
Die nächste Straßenbahn kommt in 10 Minuten.	Следниот трамвај доаѓа за 10 минути. Sledniot tramwaj doaǵa sa 10 minuti.
Der nächste Bus kommt in 15 Minuten.	Следниот автобус доаѓа за 15 минути. Sledniot awtobus doaǵa sa 15 minuti.
Wann fährt die letzte U-Bahn?	Кога вози последното метро? Koga wosi poslednoto metro?
Wann fährt die letzte Straßenbahn?	Кога вози последниот трамвај? Koga wosi posledniot tramwaj?
Wann fährt der letzte Bus?	Кога вози последниот автобус? Koga wosi posledniot awtobus?
Haben Sie einen Fahrschein?	Дали имате возен билет? Dali imate wosen bilet?
Einen Fahrschein? – Nein, ich habe keinen.	Возен билет? – Не, немам. Wosen bilet? – Ne, nemam.
Dann müssen Sie eine Strafe zahlen.	Тогаш морате да платите казна. Togasch morate da platite kasna.

37 [siebenunddreißig]

Unterwegs

37 [триесет и седум]
37 [trieset i sedum]

На пат
Na pat

Er fährt mit dem Motorrad.	Тој патува со мотор. Toj patuwa so motor.
Er fährt mit dem Fahrrad.	Тој патува со велосипед. Toj patuwa so welosiped.
Er geht zu Fuß.	Тој пешачи. Toj peschatschi.
Er fährt mit dem Schiff.	Тој патува со брод. Toj patuwa so brod.
Er fährt mit dem Boot.	Тој патува со чамец. Toj patuwa so tschamecz.
Er schwimmt.	Тој плива. Toj pliwa.
Ist es hier gefährlich?	Дали овде е опасно? Dali owde je opasno?
Ist es gefährlich, allein zu trampen?	Дали е опасно, сам / сама да стопирам? Dali je opasno, sam / sama da stopiram?
Ist es gefährlich, nachts spazieren zu gehen?	Дали е опасно, навечер да се оди на прошетка? Dali je opasno, nawetscher da se odi na proschetka?

37
[siebenunddreißig]

Unterwegs

37 [триесет и седум]
37 [trieset i sedum]

На пат
Na pat

Wir haben uns verfahren.

Ние го погрешивме патот.
Nie go pogreschiwme patot.

Wir sind auf dem falschen Weg.

Ние сме на погрешен пат.
Nie sme na pogreschen pat.

Wir müssen umkehren.

Ние мораме да се вратиме.
Nie morame da se wratime.

Wo kann man hier parken?

Каде може овде да се паркира?
Kade mosche owde da se parkira?

Gibt es hier einen Parkplatz?

Има ли овде паркиралиште?
Ima li owde parkiralischte?

Wie lange kann man hier parken?

Колку долго може овде да се паркира?
Kolku dolgo mosche owde da se parkira?

Fahren Sie Ski?

Возите ли скии?
Wosite li skii?

Fahren Sie mit dem Skilift nach oben?

Се возите ли нагоре со лифтот за скијање?
Se wosite li nagore so liftot sa skijaње?

Kann man hier Ski leihen?

Може ли овде да се изнајмат скии?
Mosche li owde da se isnajmat skii?

38 [achtunddreißig]

Im Taxi

38 [триесет и осум]
38 [trieset i osum]

Во такси
Wo taksi

Rufen Sie bitte ein Taxi.
Ве молам повикајте едно такси.
We molam powikajte jedno taksi.

Was kostet es bis zum Bahnhof?
Колку чини до железничката станица?
Kolku tschini do schelesnitschkata stanicza?

Was kostet es bis zum Flughafen?
Колку чини до аеродромот?
Kolku tschini do aerodromot?

Bitte geradeaus.
Право напред, молам.
Prawo napred, molam.

Bitte hier nach rechts.
Овде десно, молам.
Owde desno, molam.

Bitte dort an der Ecke nach links.
Таму на аголот на лево, молам.
Tamu na agolot na lewo, molam.

Ich habe es eilig.
Брзам.
Brsam.

Ich habe Zeit.
Јас имам време.
Jas imam wreme.

Fahren Sie bitte langsamer.
Ве молам возете пополека.
We molam wosete popoleka.

38 [achtunddreißig]

Im Taxi

38 [триесет и осум]

38 [trieset i osum]

Во такси

Wo taksi

Halten Sie hier bitte.	Застанете овде молам. Sastanete owde molam.
Warten Sie bitte einen Moment.	Почекајте еден момент Ве молам. Potschekajte jeden moment We molam.
Ich bin gleich zurück.	Јас веднаш ќе се вратам. Jas wednasch ce se wratam.
Bitte geben Sie mir eine Quittung.	Дадете ми една признаница Ве молам. Dadete mi jedna prisnanicza We molam.
Ich habe kein Kleingeld.	Јас немам ситни пари. Jas nemam sitni pari.
Es stimmt so, der Rest ist für Sie.	Вака е добро, остатокот е за Вас. Waka je dobro, ostatokot je sa Was.
Fahren Sie mich zu dieser Adresse.	Возете ме на оваа адреса. Wosete me na owaa adresa.
Fahren Sie mich zu meinem Hotel.	Возете ме до мојот хотел. Wosete me do mojot chotel.
Fahren Sie mich zum Strand.	Возете ме на плажата. Wosete me na plaschata.

39 [neununddreißig]

Autopanne

39 [триесет и девет]
39 [trieset i dewet]

Автомоблиска незгода
Awtomobliska nesgoda

Wo ist die nächste Tankstelle?	Каде е следната бензинска пумпа? Kade je slednata bensinska pumpa?
Ich habe einen Platten.	Јас имам една дупната гума. Jas imam jedna dupnata guma.
Können Sie das Rad wechseln?	Дали можете да го промените тркалото? Dali moschete da go promenite trkaloto?
Ich brauche ein paar Liter Diesel.	Потребни ми се неколку литра дизел. Potrebni mi se nekolku litra disel.
Ich habe kein Benzin mehr.	Немам повеќе бензин. Nemam powece bensin.
Haben Sie einen Reservekanister?	Имате ли резервна туба ? Imate li reserwna tuba ?
Wo kann ich telefonieren?	Каде можам да телефонирам? Kade moscham da telefoniram?
Ich brauche einen Abschleppdienst.	Ми треба влечна служба. Mi treba wletschna sluschba.
Ich suche eine Werkstatt.	Барам една работилница. Baram jedna rabotilnicza.

39 [neununddreißig]

Autopanne

39 [триесет и девет]
39 [trieset i dewet]

Автомоблиска незгода
Awtomobliska nesgoda

Es ist ein Unfall passiert.

Се случи сообраќајна несреќа.
Se slutschi soobracajna nesreca.

Wo ist das nächste Telefon?

Каде е најблискиот телефон?
Kade je najbliskiot telefon?

Haben Sie ein Handy bei sich?

Имате ли мобилен со себе?
Imate li mobilen so sebe?

Wir brauchen Hilfe.

Потребна ни е помош.
Potrebna ni je pomosch.

Rufen Sie einen Arzt!

Повикајте еден лекар!
Powikajte jeden lekar!

Rufen Sie die Polizei!

Повикајте ја полицијата!
Powikajte ja policzijata!

Ihre Papiere, bitte.

Вашите документи Ве молам.
Waschite dokumenti We molam.

Ihren Führerschein, bitte.

Вашата возачка дозвола Ве молам.
Waschata wosatschka doswola We molam.

Ihren Kfz-Schein, bitte.

Вашата сообраќајна дозвола Ве молам.
Waschata soobracajna doswola We molam.

40 [vierzig]

Nach dem Weg fragen

40 [четириесет]
40 [tschetirieset]

Прашања за патот
Praschaјa sa patot

Entschuldigen Sie!	Извинете! Iswinete!
Können Sie mir helfen?	Можете ли да ми помогнете? Moschete li da mi pomognete?
Wo gibt es hier ein gutes Restaurant?	Каде има овде добар ресторан? Kade ima owde dobar restoran?
Gehen Sie links um die Ecke.	Појдете лево зад аголот. Pojdete lewo sad agolot.
Gehen Sie dann ein Stück geradeaus.	Потоа одете еден дел право напред. Potoa odete jeden del prawo napred.
Gehen Sie dann hundert Meter nach rechts.	Потоа одете сто метри на десно. Potoa odete sto metri na desno.
Sie können auch den Bus nehmen.	Можете исто така да земете и автобус . Moschete isto taka da semete i awtobus .
Sie können auch die Straßenbahn nehmen.	Можете исто така да земете и трамвај. Moschete isto taka da semete i tramwaj.
Sie können auch einfach hinter mir herfahren.	Можете исто така да возите и позади мене. Moschete isto taka da wosite i posadi mene.

40 [vierzig]

Nach dem Weg fragen

40 [четириесет]
40 [tschetirieset]

Прашања за патот

Praschaјa sa patot

Wie komme ich zum Fußballstadion?	Како да стигнам до фудбалскиот стадион? Kako da stignam do fudbalskiot stadion?
Überqueren Sie die Brücke!	Преминете го мостот ! Preminete go mostot !
Fahren Sie durch den Tunnel!	Возете низ тунелот ! Wosete nis tunelot !
Fahren Sie bis zur dritten Ampel.	Возете до третиот семафор. Wosete do tretiot semafor.
Biegen Sie dann die erste Straße rechts ab.	Потоа свртете на првата улица десно. Potoa swrtete na prwata ulicza desno.
Fahren Sie dann geradeaus über die nächste Kreuzung.	Потоа возете право напред преку следната раскрсница. Potoa wosete prawo napred preku slednata raskrsnicza.
Entschuldigung, wie komme ich zum Flughafen?	Извинете, како да стигнам до аеродромот? Iswinete, kako da stignam do aerodromot?
Am besten nehmen Sie die U-Bahn.	Најдобро е да земете метро. Najdobro je da semete metro.
Fahren Sie einfach bis zur Endstation.	Возете се едноставно до последната станица. Wosete se jednostawno do poslednata stanicza.

41 [einundvierzig]

Orientierung

41 [четириесет и еден]
41 [tschetirieset i jeden]

Ориентирање
Orientiraɲe

Wo ist das Fremdenverkehrsamt?	Каде е бирото за информации за туристи? Kade je biroto sa informaczii sa turisti?
Haben Sie einen Stadtplan für mich?	Имате ли за мене една карта на градот? Imate li sa mene jedna karta na gradot?
Kann man hier ein Hotelzimmer reservieren?	Може ли овде да се резервира една хотелска соба? Mosche li owde da se reserwira jedna chotelska soba?
Wo ist die Altstadt?	Каде е стариот дел од градот? Kade je stariot del od gradot?
Wo ist der Dom?	Каде е катедралата? Kade je katedralata?
Wo ist das Museum?	Каде е музејот? Kade je musejot?
Wo gibt es Briefmarken zu kaufen?	Каде може да се купат поштенски марки? Kade mosche da se kupat poschtenski marki?
Wo gibt es Blumen zu kaufen?	Каде може да се купи цвеќе? Kade mosche da se kupi czwece?
Wo gibt es Fahrkarten zu kaufen?	Каде може да се купат возни карти? Kade mosche da se kupat wosni karti?

41 [einundvierzig]

Orientierung

41 [четириесет и еден]
41 [tschetirieset i jeden]

Ориентирање
Orientiraњe

Wo ist der Hafen?	Каде е пристаништето? Kade je pristanischteto?
Wo ist der Markt?	Каде е пазарот? Kade je pasarot?
Wo ist das Schloss?	Каде е замокот? Kade je samokot?
Wann beginnt die Führung?	Кога започнува обиколката? Koga sapotschnuwa obikolkata?
Wann endet die Führung?	Кога завршува обиколката? Koga sawrschuwa obikolkata?
Wie lange dauert die Führung?	Колку долго трае обиколката? Kolku dolgo trae obikolkata?
Ich möchte einen Führer, der Deutsch spricht.	Јас би сакал / сакала еден водач што зборува германски. Jas bi sakal / sakala jeden wodatsch schto sboruwa germanski.
Ich möchte einen Führer, der Italienisch spricht.	Јас би сакал / сакала еден водач што зборува италијански. Jas bi sakal / sakala jeden wodatsch schto sboruwa italijanski.
Ich möchte einen Führer, der Französisch spricht.	Јас би сакал / сакала еден водач што зборува француски. Jas bi sakal / sakala jeden wodatsch schto sboruwa franczuski.

42 [zweiundvierzig]

Stadtbesichtigung

42 [четириесет и два]

42 [tschetirieset i dwa]

Разгледување на градот

Rasgleduwaąe na gradot

Ist der Markt sonntags geöffnet?	Дали пазарот е отворен во недела? Dali pasarot je otworen wo nedela?
Ist die Messe montags geöffnet?	Дали саемот е отворен во понеделник? Dali saemot je otworen wo ponedelnik?
Ist die Ausstellung dienstags geöffnet?	Дали изложбата е отворена во вторник? Dali isloschbata je otworena wo wtornik?
Hat der Zoo mittwochs geöffnet?	Дали зоолошката градина е отворена во среда? Dali sooloschkata gradina je otworena wo sreda?
Hat das Museum donnerstags geöffnet?	Дали музејот е отворен во четврток? Dali musejot je otworen wo tschetwrtok?
Hat die Galerie freitags geöffnet?	Дали галеријата е отворена во петок? Dali galerijata je otworena wo petok?
Darf man fotografieren?	Смее ли да се фотографира? Smee li da se fotografira?
Muss man Eintritt bezahlen?	Мора ли да се плати влез? Mora li da se plati wles?
Wie viel kostet der Eintritt?	Колку чини влезот? Kolku tschini wlesot?

42 [zweiundvierzig]

Stadtbesichtigung

42 [четириесет и два]
42 [tschetirieset i dwa]

Разгледување на градот
Rasgleduwaɉe na gradot

Gibt es eine Ermäßigung für Gruppen? | Има ли некаков попуст за групи?
Ima li nekakow popust sa grupi?

Gibt es eine Ermäßigung für Kinder? | Има ли некаков попуст за деца?
Ima li nekakow popust sa decza?

Gibt es eine Ermäßigung für Studenten? | Има ли некаков попуст за студенти?
Ima li nekakow popust sa studenti?

Was für ein Gebäude ist das? | Каква е оваа зграда?
Kakwa je owaa sgrada?

Wie alt ist das Gebäude? | Колку е стара оваа зграда?
Kolku je stara owaa sgrada?

Wer hat das Gebäude gebaut? | Кој ја изградил оваа зграда?
Koj ja isgradil owaa sgrada?

Ich interessiere mich für Architektur. | Јас се интересирам за архитектура.
Jas se interesiram sa architektura.

Ich interessiere mich für Kunst. | Јас се интересирам за уметност.
Jas se interesiram sa umetnost.

Ich interessiere mich für Malerei. | Јас се интересирам за сликарство.
Jas se interesiram sa slikarstwo.

43 [dreiundvierzig]

Im Zoo

43 [четириесет и три]

43 [tschetirieset i tri]

Во зоолошка градина

Wo sooloschka gradina

Dort ist der Zoo.	Таму е зоолошката градина. Tamu je sooloschkata gradina.
Dort sind die Giraffen.	Таму се жирафите. Tamu se schirafite.
Wo sind die Bären?	Каде се мечките? Kade se metschkite?
Wo sind die Elefanten?	Каде се слоновите? Kade se slonowite?
Wo sind die Schlangen?	Каде се змиите? Kade se smiite?
Wo sind die Löwen?	Каде се лавовите? Kade se lawowite?
Ich habe einen Fotoapparat.	Јас имам еден фотоапарат. Jas imam jeden fotoaparat.
Ich habe auch eine Filmkamera.	Имам исто така и една филмска камера. Imam isto taka i jedna filmska kamera.
Wo ist eine Batterie?	Каде има батерија? Kade ima baterija?

43 [dreiundvierzig]

Im Zoo

43 [четириесет и три]
43 [tschetirieset i tri]

Во зоолошка градина
Wo sooloschka gradina

Wo sind die Pinguine?	Каде се пингвините? Kade se pingwinite?
Wo sind die Kängurus?	Каде се кенгурите? Kade se kengurite?
Wo sind die Nashörner?	Каде се носорозите? Kade se nosorosite?
Wo ist eine Toilette?	Каде има тоалет? Kade ima toalet?
Dort ist ein Café.	Таму има кафуле. Tamu ima kafule.
Dort ist ein Restaurant.	Таму има ресторан. Tamu ima restoran.
Wo sind die Kamele?	Каде се камилите? Kade se kamilite?
Wo sind die Gorillas und die Zebras?	Каде се горилата и зебрите? Kade se gorilata i sebrite?
Wo sind die Tiger und die Krokodile?	Каде се тигровите и крокодилите? Kade se tigrowite i krokodilite?

44 [vierundvierzig]

Abends ausgehen

44 [четириесет и четири]
44 [tschetirieset i tschetiri]

Излегување навечер
Isleguwaɲe nawetscher

Gibt es hier eine Diskothek?	Има ли овде дискотека? Ima li owde diskoteka?
Gibt es hier einen Nachtclub?	Има ли овде ноќен клуб? Ima li owde nocen klub?
Gibt es hier eine Kneipe?	Има ли овде кафеана? Ima li owde kafeana?
Was gibt es heute Abend im Theater?	Што има вечерва во театар? Schto ima wetscherwa wo teatar?
Was gibt es heute Abend im Kino?	Што има вечерва во кино? Schto ima wetscherwa wo kino?
Was gibt es heute Abend im Fernsehen?	Што има вечерва на телевизија? Schto ima wetscherwa na telewisija?
Gibt es noch Karten fürs Theater?	Има ли уште билети за театар? Ima li uschte bileti sa teatar?
Gibt es noch Karten fürs Kino?	Има ли уште билети за кино? Ima li uschte bileti sa kino?
Gibt es noch Karten für das Fußballspiel?	Има ли уште билети за фудбалскиот натпревар? Ima li uschte bileti sa fudbalskiot natprewar?

44 [vierundvierzig]

Abends ausgehen

44 [четириесет и четири]

44 [tschetirieset i tschetiri]

Излегување навечер

Isleguwaњe nawetscher

Ich möchte ganz hinten sitzen.	Јас би сакал / сакала да седам сосема позади. Jas bi sakal / sakala da sedam sosema posadi.
Ich möchte irgendwo in der Mitte sitzen.	Јас би сакал / сакала да седам некаде во средината. Jas bi sakal / sakala da sedam nekade wo sredinata.
Ich möchte ganz vorn sitzen.	Јас би сакал / сакала да седам сосема напред. Jas bi sakal / sakala da sedam sosema napred.
Können Sie mir etwas empfehlen?	Можете ли да ми препорачате нешто? Moschete li da mi preporatschate neschto?
Wann beginnt die Vorstellung?	Кога започнува претставата? Koga sapotschnuwa pretstawata?
Können Sie mir eine Karte besorgen?	Можете ли да ми обезбедите една карта? Moschete li da mi obesbedite jedna karta?
Ist hier in der Nähe ein Golfplatz?	Има ли овде во близината игралиште за голф? Ima li owde wo blisinata igralischte sa golf?
Ist hier in der Nähe ein Tennisplatz?	Има ли овде во близината тениско игралиште? Ima li owde wo blisinata tenisko igralischte?
Ist hier in der Nähe ein Hallenbad?	Има ли овде во близината затворен базен? Ima li owde wo blisinata satworen basen?

45 [fünfundvierzig]

45 [четириесет и пет]
45 [tschetirieset i pet]

Im Kino

Во кино
Wo kino

Wir wollen ins Kino.	Ние сакаме во кино. Nie sakame wo kino.
Heute läuft ein guter Film.	Денес се прикажува еден добар филм. Denes se prikaschuwa jeden dobar film.
Der Film ist ganz neu.	Филмот е сосема нов. Filmot je sosema now.
Wo ist die Kasse?	Каде е благајната? Kade je blagajnata?
Gibt es noch freie Plätze?	Има ли уште слободни места? Ima li uschte slobodni mesta?
Was kosten die Eintrittskarten?	Колку чинат влезните билети? Kolku tschinat wlesnite bileti?
Wann beginnt die Vorstellung?	Кога започнува претставата? Koga sapotschnuwa pretstawata?
Wie lange dauert der Film?	Колку долго трае филмот? Kolku dolgo trae filmot?
Kann man Karten reservieren?	Може ли да се резервират билети? Mosche li da se reserwirat bileti?

45 [fünfundvierzig]

Im Kino

45 [четириесет и пет]
45 [tschetirieset i pet]

Во кино
Wo kino

Ich möchte hinten sitzen.	Јас би сакал / сакала да седам позади. Jas bi sakal / sakala da sedam posadi.
Ich möchte vorn sitzen.	Јас би сакал / сакала да седам напред. Jas bi sakal / sakala da sedam napred.
Ich möchte in der Mitte sitzen.	Јас би сакал / сакала да седам во средината. Jas bi sakal / sakala da sedam wo sredinata.
Der Film war spannend.	Филмот беше возбудлив. Filmot besche wosbudliw.
Der Film war nicht langweilig.	Филмот не беше досаден. Filmot ne besche dosaden.
Aber das Buch zum Film war besser.	Но книгата за филмот беше подобра. No knigata sa filmot besche podobra.
Wie war die Musik?	Каква беше музиката? Kakwa besche musikata?
Wie waren die Schauspieler?	Какви беа глумците? Kakwi bea glumczite?
Gab es Untertitel in englischer Sprache?	Имаше ли титлуван текст на англиски јазик? Imasche li titluwan tekst na angliski jasik?

46 [sechsundvierzig]

In der Diskothek

46 [четириесет и шест]
46 [tschetirieset i schest]

Во дискотека
Wo diskoteka

Ist der Platz hier frei?	Дали е слободно ова место? Dali je slobodno owa mesto?
Darf ich mich zu Ihnen setzen?	Смеам ли да седнам покрај вас? Smeam li da sednam pokraj was?
Gern.	Со задоволство. So sadowolstwo.
Wie finden Sie die Musik?	Како ви се допаѓа музиката? Kako wi se dopaјa musikata?
Ein bisschen zu laut.	Малку е прегласна. Malku je preglasna.
Aber die Band spielt ganz gut.	Но групата свири сосема добро. No grupata swiri sosema dobro.
Sind Sie öfter hier?	Често ли сте овде? Tschesto li ste owde?
Nein, das ist das erste Mal.	Не, ова е прв пат. Ne, owa je prw pat.
Ich war noch nie hier.	Не сум бил / била овде никогаш. Ne sum bil / bila owde nikogasch.

46 [sechsundvierzig]

In der Diskothek

46 [четириесет и шест]
46 [tschetirieset i schest]

Во дискотека
Wo diskoteka

Tanzen Sie?	Танцувате ли? Tanczuwate li?
Später vielleicht.	Можеби подоцна. Moschebi podoczna.
Ich kann nicht so gut tanzen.	Јас не умеам да танцувам така добро. Jas ne umeam da tanczuwam taka dobro.
Das ist ganz einfach.	Тоа е сосема едноставно. Toa je sosema jednostawno.
Ich zeige es Ihnen.	Јас ќе ви покажам. Jas ce wi pokascham.
Nein, lieber ein anderes Mal.	Не, подобро друг пат. Ne, podobro drug pat.
Warten Sie auf jemand?	Чекате ли некого? Tschekate li nekogo?
Ja, auf meinen Freund.	Да, мојот пријател. Da, mojot prijatel.
Da hinten kommt er ja!	Еве го позади, доаѓа! Ewe go posadi, doaȷa!

47
[siebenundvierzig]

Reisevorbereitungen

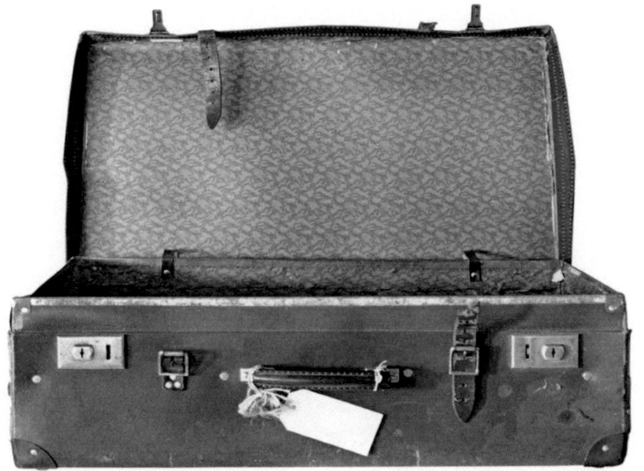

47 [четириесет и седум]
47 [tschetirieset i sedum]

Подготовки за патување
Podgotowki sa patuwaȷe

Du musst unseren Koffer packen!
Мораш да го спакуваш нашиот куфер!
Morasch da go spakuwasch naschiot kufer!

Du darfst nichts vergessen!
Не смееш ништо да заборавиш!
Ne smeesch nischto da saborawisch!

Du brauchst einen großen Koffer!
Потребен ти е еден голем куфер!
Potreben ti je jeden golem kufer!

Vergiss nicht den Reisepass!
Немој да го заборавиш пасошот!
Nemoj da go saborawisch pasoschot!

Vergiss nicht das Flugticket!
Немој да го заборавиш авионскиот билет!
Nemoj da go saborawisch awionskiot bilet!

Vergiss nicht die Reiseschecks!
Немој да ги заборавиш патничките чекови!
Nemoj da gi saborawisch patnitschkite tschekowi!

Nimm Sonnencreme mit.
Земи крема за сончање со себе.
Semi krema sa sontschaȷe so sebe.

Nimm die Sonnenbrille mit.
Земи ги очилата за сонце со себе.
Semi gi otschilata sa soncze so sebe.

Nimm den Sonnenhut mit.
Земи го шеширот за сонце со себе.
Semi go scheschirot sa soncze so sebe.

47
[siebenundvierzig]

Reisevorbereitungen

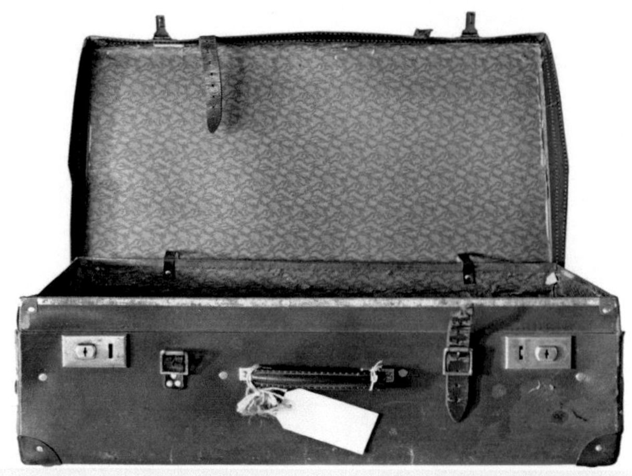

47 [четириесет и седум]
47 [tschetirieset i sedum]

Подготовки за патување
Podgotowki sa patuwaȷe

Willst du eine Straßenkarte mitnehmen?
Сакаш ли да земеш патна карта со себе?
Sakasch li da semesch patna karta so sebe?

Willst du einen Reiseführer mitnehmen?
Сакаш ли да земеш туристички водач со себе?
Sakasch li da semesch turistitschki wodatsch so sebe?

Willst du einen Regenschirm mitnehmen?
Сакаш ли да земеш чадор со себе?
Sakasch li da semesch tschador so sebe?

Denk an die Hosen, die Hemden, die Socken.
Мисли на панталоните, кошулите, чорапите.
Misli na pantalonite, koschulite, tschorapite.

Denk an die Krawatten, die Gürtel, die Sakkos.
Мисли на вратоврските, каишите, сакоата.
Misli na wratowrskite, kaischite, sakoata.

Denk an die Schlafanzüge, die Nachthemden und die T-Shirts.
Мисли на пижамите, ношниците и маиците.
Misli na pischamite, noschniczite i maiczite.

Du brauchst Schuhe, Sandalen und Stiefel.
Ти требаат чевли, сандали и чизми.
Ti trebaat tschewli, sandali i tschismi.

Du brauchst Taschentücher, Seife und eine Nagelschere.
Ти требаат џебни марамчиња, сапун и едни ножици за нокти.
Ti trebaat dʒebni maramtschiȷa, sapun i jedni noschiczi sa nokti.

Du brauchst einen Kamm, eine Zahnbürste und Zahnpasta.
Ти треба еден чешел, една четка за заби и паста за заби.
Ti treba jeden tscheschel, jedna tschetka sa sabi i pasta sa sabi.

48 [achtundvierzig]

Urlaubsaktivitäten

48 [четириесет и осум]

48 [tschetirieset i osum]

Активности за време на одморот

Aktiwnosti sa wreme na odmorot

Ist der Strand sauber?	Дали е чиста плажата? Dali je tschista plaschata?
Kann man dort baden?	Може ли човек таму да плива? Mosche li tschowek tamu da pliwa?
Ist es nicht gefährlich, dort zu baden?	Не ли е опасно, таму да се плива? Ne li je opasno, tamu da se pliwa?
Kann man hier einen Sonnenschirm leihen?	Може ли овде да се изнајми чадор за сонце? Mosche li owde da se isnajmi tschador sa soncze?
Kann man hier einen Liegestuhl leihen?	Може ли овде да се изнајми лежалка? Mosche li owde da se isnajmi leschalka?
Kann man hier ein Boot leihen?	Може ли овде да се изнајми чамец? Mosche li owde da se isnajmi tschamecz?
Ich würde gern surfen.	Би сакал / сакала да сурфам. Bi sakal / sakala da surfam.
Ich würde gern tauchen.	Би сакал / сакала да нуркам. Bi sakal / sakala da nurkam.
Ich würde gern Wasserski fahren.	Би сакал / сакала да скијам на вода. Bi sakal / sakala da skijam na woda.

48 [achtundvierzig]

Urlaubsaktivitäte
n

48 [четириесет и осум]
48 [tschetirieset i osum]

Активности за време на одморот
Aktiwnosti sa wreme na odmorot

Kann man ein Surfbrett mieten?	Може ли да се изнајми даска за сурфање? Mosche li da se isnajmi daska sa surfaɲe?
Kann man eine Taucherausrüstung mieten?	Може ли да се изнајми опрема за нуркање? Mosche li da se isnajmi oprema sa nurkaɲe?
Kann man Wasserskier mieten?	Може ли да се изнајмат скии за вода? Mosche li da se isnajmat skii sa woda?
Ich bin erst Anfänger.	Јас сум почетник. Jas sum potschetnik.
Ich bin mittelgut.	Јас сум средно-добар / добра. Jas sum sredno-dobar / dobra.
Ich kenne mich damit schon aus.	Јас веќе добро се снаоѓам. Jas wece dobro se snaoɉam.
Wo ist der Skilift?	Каде е ски лифтот? Kade je ski liftot?
Hast du denn Skier dabei?	Имаш ли скии со себе? Imasch li skii so sebe?
Hast du denn Skischuhe dabei?	Имаш ли скијачки чевли со себе? Imasch li skijatschki tschewli so sebe?

49 [neunundvierzig]

Sport

49 [четириесет и девет]
49 [tschetirieset i dewet]

Спорт
Sport

Treibst du Sport?	Се занимаваш ли со спорт? Se sanimawasch li so sport?
Ja, ich muss mich bewegen.	Да, морам да се движам. Da, moram da se dwischam.
Ich gehe in einen Sportverein.	Јас одам во еден спортски клуб. Jas odam wo jeden sportski klub.
Wir spielen Fußball.	Ние играме фудбал. Nie igrame fudbal.
Manchmal schwimmen wir.	Понекогаш пливаме. Ponekogasch pliwame.
Oder wir fahren Rad.	Или возиме велосипед. Ili wosime welosiped.
In unserer Stadt gibt es ein Fußballstadion.	Во нашиот град има еден фудбалски стадион. Wo naschiot grad ima jeden fudbalski stadion.
Es gibt auch ein Schwimmbad mit Sauna.	Исто така има и еден базен со сауна. Isto taka ima i jeden basen so sauna.
Und es gibt einen Golfplatz.	Има и едно игралиште за голф. Ima i jedno igralischte sa golf.

49 [neunundvierzig]

Sport

49 [четириесет и девет]
49 [tschetirieset i dewet]

Спорт
Sport

Was gibt es im Fernsehen?	Што има на телевизија? Schto ima na telewisija?
Gerade gibt es ein Fußballspiel.	Во моментов има фудбалски натпревар. Wo momentow ima fudbalski natprewar.
Die deutsche Mannschaft spielt gegen die englische.	Германскиот тим игра против англискиот. Germanskiot tim igra protiw angliskiot.
Wer gewinnt?	Кој победува? Koj pobeduwa?
Ich habe keine Ahnung.	Немам појма. Nemam pojma.
Im Moment steht es unentschieden.	Во моментов е нерешено. Wo momentow je nerescheno.
Der Schiedsrichter kommt aus Belgien.	Фудбалскиот судија е од Белгија. Fudbalskiot sudija je od Belgija.
Jetzt gibt es einen Elfmeter.	Сега има пенал. Sega ima penal.
Tor! Eins zu null!	Гол! Еден спрема нула! Gol! JEden sprema nula!

50 [fünfzig]

Im Schwimmbad

50 [педесет]
50 [pedeset]

Во базен за пливање
Wo basen sa pliwaдe

Heute ist es heiß.	Денес е жешко. Denes je scheschko.
Gehen wir ins Schwimmbad?	Ќе одиме ли на базен? Ce odime li na basen?
Hast du Lust, schwimmen zu gehen?	Имаш ли желба да одиме на пливање? Imasch li schelba da odime na pliwaдe?
Hast du ein Handtuch?	Имаш ли пешкир? Imasch li peschkir?
Hast du eine Badehose?	Имаш ли гаќи за капење? Imasch li gaci sa kapeдe?
Hast du einen Badeanzug?	Имаш ли костим за капење? Imasch li kostim sa kapeдe?
Kannst du schwimmen?	Умееш ли да пливаш? Umeesch li da pliwasch?
Kannst du tauchen?	Умееш ли да нуркаш? Umeesch li da nurkasch?
Kannst du ins Wasser springen?	Умееш ли да скокаш во вода? Umeesch li da skokasch wo woda?

50 [fünfzig]

Im Schwimmbad

50 [педесет]
50 [pedeset]

Во базен за пливање
Wo basen sa pliwaʝe

Wo ist die Dusche?	Каде е тушот? Kade je tuschot?
Wo ist die Umkleidekabine?	Каде е кабината за пресоблекување? Kade je kabinata sa presoblekuwaʝe?
Wo ist die Schwimmbrille?	Каде се очилата за пливање? Kade se otschilata sa pliwaʝe?
Ist das Wasser tief?	Длабока ли е водата? Dlaboka li je wodata?
Ist das Wasser sauber?	Чиста ли е водата? Tschista li je wodata?
Ist das Wasser warm?	Топла ли е водата? Topla li je wodata?
Ich friere.	Се смрзнувам. Se smrsnuwam.
Das Wasser ist zu kalt.	Водата е премногу студена. Wodata je premnogu studena.
Ich gehe jetzt aus dem Wasser.	Излегувам сега од водата. Isleguwam sega od wodata.

51 [einundfünfzig]

Besorgungen machen

51 [педесет и еден]
51 [pedeset i jeden]

Набавки
Nabawki

Ich will in die Bibliothek.	Сакам да одам во библиотеката. Sakam da odam wo bibliotekata.
Ich will in die Buchhandlung.	Сакам да одам во книжарницата. Sakam da odam wo knischarniczata.
Ich will zum Kiosk.	Сакам да одам до трафиката. Sakam da odam do trafikata.
Ich will ein Buch leihen.	Сакам да изнајмам една книга. Sakam da isnajmam jedna kniga.
Ich will ein Buch kaufen.	Сакам да купам една книга. Sakam da kupam jedna kniga.
Ich will eine Zeitung kaufen.	Сакам да купам еден весник. Sakam da kupam jeden wesnik.
Ich will in die Bibliothek, um ein Buch zu leihen.	Сакам да одам во библиотеката, за да изнајмам една книга. Sakam da odam wo bibliotekata, sa da isnajmam jedna kniga.
Ich will in die Buchhandlung, um ein Buch zu kaufen.	Сакам да одам во книжарницата, за да купам една книга. Sakam da odam wo knischarniczata, sa da kupam jedna kniga.
Ich will zum Kiosk, um eine Zeitung zu kaufen.	Сакам да одам до трафиката, за да купам еден весник. Sakam da odam do trafikata, sa da kupam jeden wesnik.

51 [einundfünfzig]

Besorgungen machen

51 [педесет и еден]
51 [pedeset i jeden]

Набавки
Nabawki

Ich will zum Optiker.	Сакам да одам кај оптичарот. Sakam da odam kaj optitscharot.
Ich will zum Supermarkt.	Сакам да одам во супермаркетот. Sakam da odam wo supermarketot.
Ich will zum Bäcker.	Сакам да одам кај пекарот. Sakam da odam kaj pekarot.
Ich will eine Brille kaufen.	Сакам да купам очила. Sakam da kupam otschila.
Ich will Obst und Gemüse kaufen.	Сакам да купам овошје и зеленчук. Sakam da kupam owoschje i selentschuk.
Ich will Brötchen und Brot kaufen.	Сакам да купам лепчиња и леб. Sakam da kupam leptschiјa i leb.
Ich will zum Optiker, um eine Brille zu kaufen.	Сакам да одам кај оптичарот, за да купам очила. Sakam da odam kaj optitscharot, sa da kupam otschila.
Ich will zum Supermarkt, um Obst und Gemüse zu kaufen.	Сакам да одам во супермаркетот, за да купам овошје и зеленчук. Sakam da odam wo supermarketot, sa da kupam owoschje i selentschuk.
Ich will zum Bäcker, um Brötchen und Brot zu kaufen.	Сакам да одам кај пекарот, за да купам лепчиња и леб. Sakam da odam kaj pekarot, sa da kupam leptschiјa i leb.

52 [zweiundfünfzig]

Im Kaufhaus

52 [педесет и два]
52 [pedeset i dwa]

Во трговски центар
Wo trgowski czentar

Gehen wir in ein Kaufhaus?	Ќе одиме ли во трговскиот центар? Ce odime li wo trgowskiot czentar?
Ich muss Einkäufe machen.	Јас морам да пазарувам. Jas moram da pasaruwam.
Ich will viel einkaufen.	Сакам многу да накупам. Sakam mnogu da nakupam.
Wo sind die Büroartikel?	Каде се канцелариските материјали? Kade se kanczelariskite materijali?
Ich brauche Briefumschläge und Briefpapier.	Ми требаат пликови и хартија за писма. Mi trebaat plikowi i chartija sa pisma.
Ich brauche Kulis und Filzstifte.	Ми требаат пенкала и маркери. Mi trebaat penkala i markeri.
Wo sind die Möbel?	Каде е мебелот? Kade je mebelot?
Ich brauche einen Schrank und eine Kommode.	Ми треба еден шкаф и една комода. Mi treba jeden schkaf i jedna komoda.
Ich brauche einen Schreibtisch und ein Regal.	Ми треба една работна маса и еден регал. Mi treba jedna rabotna masa i jeden regal.

52 [zweiundfünfzig]

Im Kaufhaus

52 [педесет и два]
52 [pedeset i dwa]

Во трговски центар
Wo trgowski czentar

Wo sind die Spielsachen?	Каде се играчките? Kade se igratschkite?
Ich brauche eine Puppe und einen Teddybär.	Ми треба една кукла и едно плишано мече. Mi treba jedna kukla i jedno plischano metsche.
Ich brauche einen Fußball und ein Schachspiel.	Ми треба еден фудбал и една шаховска табла. Mi treba jeden fudbal i jedna schachowska tabla.
Wo ist das Werkzeug?	Каде е алатот? Kade je alatot?
Ich brauche einen Hammer und eine Zange.	Ми треба еден чекан и една клешта. Mi treba jeden tschekan i jedna kleschta.
Ich brauche einen Bohrer und einen Schraubenzieher.	Ми треба една дупчалка и еден штрафцигер. Mi treba jedna duptschalka i jeden schtrafcziger.
Wo ist der Schmuck?	Каде е накитот? Kade je nakitot?
Ich brauche eine Kette und ein Armband.	Ми треба едно ланче и една нараквица. Mi treba jedno lantsche i jedna narakwicza.
Ich brauche einen Ring und Ohrringe.	Ми треба еден прстен и обетки. Mi treba jeden prsten i obetki.

53 [dreiundfünfzig]

53 [педесет и три]
53 [pedeset i tri]

Geschäfte

Продавници
Prodawniczi

Wir suchen ein Sportgeschäft.	Ние бараме спортска продавница. Nie barame sportska prodawnicza.
Wir suchen eine Fleischerei.	Ние бараме месарница. Nie barame mesarnicza.
Wir suchen eine Apotheke.	Ние бараме аптека. Nie barame apteka.
Wir möchten nämlich einen Fußball kaufen.	Би сакале имено да купиме една топка за фудбал. Bi sakale imeno da kupime jedna topka sa fudbal.
Wir möchten nämlich Salami kaufen.	Би сакале имено да купиме салама. Bi sakale imeno da kupime salama.
Wir möchten nämlich Medikamente kaufen.	Би сакале имено да купиме лекарства. Bi sakale imeno da kupime lekarstwa.
Wir suchen ein Sportgeschäft, um einen Fußball zu kaufen.	Бараме една спортска продавница, за да купиме една топка за фудбал. Barame jedna sportska prodawnicza, sa da kupime jedna topka sa fudbal.
Wir suchen eine Fleischerei, um Salami zu kaufen.	Ние бараме месарница, за да купиме салама. Nie barame mesarnicza, sa da kupime salama.
Wir suchen eine Apotheke, um Medikamente zu kaufen.	Ние бараме аптека, за да купиме лекарства. Nie barame apteka, sa da kupime lekarstwa.

53 [dreiundfünfzig]

Geschäfte

53 [педесет и три]
53 [pedeset i tri]

Продавници
Prodawniczi

Ich suche einen Juwelier.
Јас барам златар.
Jas baram slatar.

Ich suche ein Fotogeschäft.
Јас барам фото продавница .
Jas baram foto prodawnicza .

Ich suche eine Konditorei.
Јас барам слаткарница.
Jas baram slatkarnicza.

Ich habe nämlich vor, einen Ring zu kaufen.
Имено имам намера, да купам еден прстен.
Imeno imam namera, da kupam jeden prsten.

Ich habe nämlich vor, einen Film zu kaufen.
Имено имам намера, да купам еден филм.
Imeno imam namera, da kupam jeden film.

Ich habe nämlich vor, eine Torte zu kaufen.
Имено имам намера, да купам една торта.
Imeno imam namera, da kupam jedna torta.

Ich suche einen Juwelier, um einen Ring zu kaufen.
Јас барам златар, за да купам прстен.
Jas baram slatar, sa da kupam prsten.

Ich suche ein Fotogeschäft, um einen Film zu kaufen.
Јас барам фото продавница, за да купам филм.
Jas baram foto prodawnicza, sa da kupam film.

Ich suche eine Konditorei, um eine Torte zu kaufen.
Јас барам слаткарница, за да купам торта.
Jas baram slatkarnicza, sa da kupam torta.

54 [vierundfünfzig]

Einkaufen

54 [педесет и четири]
54 [pedeset i tschetiri]

Купување
Kupuwaњe

Ich möchte ein Geschenk kaufen.	Сакам да купам еден подарок. Sakam da kupam jeden podarok.
Aber nichts allzu Teueres.	Но не нешто премногу скапо. No ne neschto premnogu skapo.
Vielleicht eine Handtasche?	Можеби една рачна ташна? Moschebi jedna ratschna taschna?
Welche Farbe möchten Sie?	Која боја би ја сакале? Koja boja bi ja sakale?
Schwarz, braun oder weiß?	Црна, кафеава или бела? Czrna, kafeawa ili bela?
Eine große oder eine kleine?	Една голема или мала? Edna golema ili mala?
Darf ich diese mal sehen?	Смеам ли да ја видам оваа? Smeam li da ja widam owaa?
Ist die aus Leder?	Дали таа е од кожа? Dali taa je od koscha?
Oder ist die aus Kunststoff?	Или пак е од вештачки материјал? Ili pak je od weschtatschki materijal?

54 [vierundfünfzig]

Einkaufen

54 [педесет и четири]
54 [pedeset i tschetiri]

Купување
Kupuwaњe

Aus Leder natürlich.	Од кожа секако. Od koscha sekako.
Das ist eine besonders gute Qualität.	Ова е еден особено добар квалитет. Owa je jeden osobeno dobar kwalitet.
Und die Handtasche ist wirklich sehr preiswert.	И ташната навистина е со многу поволна цена. I taschnata nawistina je so mnogu powolna czena.
Die gefällt mir.	Ми се допаѓа. Mi se dopaђa.
Die nehme ich.	Ќе ја земам. Ce ja semam.
Kann ich die eventuell umtauschen?	Дали можам евентуално да ја заменам? Dali moscham jewentualno da ja samenam?
Selbstverständlich.	Се разбира. Se rasbira.
Wir packen sie als Geschenk ein.	Ќе ја спакуваме како подарок. Ce ja spakuwame kako podarok.
Dort drüben ist die Kasse.	Таму од спротива е благајната. Tamu od sprotiwa je blagajnata.

55 [fünfundfünfzig]

Arbeiten

55 [педесет и пет]
55 [pedeset i pet]

Работа / Занимање
Rabota / Sanimaɲe

Was machen Sie beruflich?	Што сте по занимање? Schto ste po sanimaɲe?
Mein Mann ist Arzt von Beruf.	Мојот сопруг е лекар по занимање. Mojot soprug je lekar po sanimaɲe.
Ich arbeite halbtags als Krankenschwester.	Јас полудневно работам како медицинска сестра. Jas poludnewno rabotam kako mediczinska sestra.
Bald bekommen wir Rente.	Набргу ќе одиме во пензија. Nabrgu ce odime wo pensija.
Aber die Steuern sind hoch.	Но даноците се високи. No danoczite se wisoki.
Und die Krankenversicherung ist hoch.	И здравственото осигурување е високо. I sdrawstwenoto osiguruwaɲe je wisoko.
Was willst du einmal werden?	Што сакаш да бидеш? Schto sakasch da bidesch?
Ich möchte Ingenieur werden.	Јас би сакал / сакала да бидам инженер. Jas bi sakal / sakala da bidam inschener.
Ich will an der Universität studieren.	Јас сакам да студирам на универзитетот. Jas sakam da studiram na uniwersitetot.

55 [fünfundfünfzig]

Arbeiten

55 [педесет и пет]
55 [pedeset i pet]

Работа / Занимање
Rabota / Sanimaњe

Ich bin Praktikant.	Јас сум практикант. Jas sum praktikant.
Ich verdiene nicht viel.	Јас не заработувам многу. Jas ne sarabotuwam mnogu.
Ich mache ein Praktikum im Ausland.	Јас сум на пракса во странство. Jas sum na praksa wo stranstwo.
Das ist mein Chef.	Ова е мојот шеф. Owa je mojot schef.
Ich habe nette Kollegen.	Јас имам љубезни колеги. Jas imam ljubesni kolegi.
Mittags gehen wir immer in die Kantine.	Напладне секогаш одиме во кантината. Napladne sekogasch odime wo kantinata.
Ich suche eine Stelle.	Јас барам едно работно место. Jas baram jedno rabotno mesto.
Ich bin schon ein Jahr arbeitslos.	Јас сум веќе една година невработен / невработена. Jas sum wece jedna godina newraboten / newrabotena.
In diesem Land gibt es zu viele Arbeitslose.	Во оваа земја има премногу невработени. Wo owaa semja ima premnogu newraboteni.

56 [sechsundfünfzig]

Gefühle

56 [педесет и шест]
56 [pedeset i schest]

Чувства
Tschuwstwa

Lust haben	да се има желба da se ima schelba
Wir haben Lust.	Ние имаме желба. Nie imame schelba.
Wir haben keine Lust.	Ние немаме желба. Nie nemame schelba.
Angst haben	да се има страв da se ima straw
Ich habe Angst.	Јас се плашам. Jas se plascham.
Ich habe keine Angst.	Јас не се плашам. Jas ne se plascham.
Zeit haben	да се има време da se ima wreme
Er hat Zeit.	Тој има време. Toj ima wreme.
Er hat keine Zeit.	Тој нема време. Toj nema wreme.

56
[sechsundfünfzig]

Gefühle

56 [педесет и шест]
56 [pedeset i schest]

Чувства
Tschuwstwa

Langeweile haben	да се досадуваш da se dosaduwasch
Sie hat Langeweile.	Таа се досадува. Taa se dosaduwa.
Sie hat keine Langeweile.	Таа не се досадува. Taa ne se dosaduwa.
Hunger haben	да се биде гладен da se bide gladen
Habt ihr Hunger?	Дали сте гладни? Dali ste gladni?
Habt ihr keinen Hunger?	Нели сте гладни? Neli ste gladni?
Durst haben	Да се биде жеден Da se bide scheden
Sie haben Durst.	Вие сте жеден / жедна. Wie ste scheden / schedna.
Sie haben keinen Durst.	Вие не сте жеден / жедна. Wie ne ste scheden / schedna.

57 [siebenundfünfzig]

Beim Arzt

57 [педесет и седум]
57 [pedeset i sedum]

Кај лекар
Kaj lekar

Ich habe einen Termin beim Arzt.	Јас имам еден термин кај лекар. Jas imam jeden termin kaj lekar.
Ich habe den Termin um zehn Uhr.	Терминот е во десет часот. Terminot je wo deset tschasot.
Wie ist Ihr Name?	Како е вашето име? Kako je wascheto ime?
Bitte nehmen Sie im Wartezimmer Platz.	Седнете во чекалната Ве молам . Sednete wo tschekalnata We molam .
Der Arzt kommt gleich.	Лекарот ќе дојде веднаш. Lekarot ce dojde wednasch.
Wo sind Sie versichert?	Каде сте осигурани? Kade ste osigurani?
Was kann ich für Sie tun?	Што можам да сторам за вас? Schto moscham da storam sa was?
Haben Sie Schmerzen?	Имате ли болки? Imate li bolki?
Wo tut es weh?	Каде ве боли? Kade we boli?

57
[siebenundfünfzig]

Beim Arzt

57 [педесет и седум]
57 [pedeset i sedum]

Кај лекар
Kaj lekar

Ich habe immer Rückenschmerzen.	Секогаш имам болки во грбот. Sekogasch imam bolki wo grbot.
Ich habe oft Kopfschmerzen.	Често имам главоболки. Tschesto imam glawobolki.
Ich habe manchmal Bauchschmerzen.	Понекогаш имам болки во стомакот. Ponekogasch imam bolki wo stomakot.
Machen Sie bitte den Oberkörper frei!	Соблечете се од појасот нагоре, Ве молам. Sobletschete se od pojasot nagore, We molam.
Legen Sie sich bitte auf die Liege!	Легнете на лежалката, Ве молам. Legnete na leschalkata, We molam.
Der Blutdruck ist in Ordnung.	Крвниот притисок е во ред. Krwniot pritisok je wo red.
Ich gebe Ihnen eine Spritze.	Ќе ви дадам една инекција. Ce wi dadam jedna inekczija.
Ich gebe Ihnen Tabletten.	Ќе ви дадам таблети. Ce wi dadam tableti.
Ich gebe Ihnen ein Rezept für die Apotheke.	Ќе ви дадам еден рецепт за во аптека. Ce wi dadam jeden reczept sa wo apteka.

58 [achtundfünfzig]

Körperteile

58 [педесет и осум]
58 [pedeset i osum]

Делови на телото
Delowi na teloto

Ich zeichne einen Mann.
Јас цртам човек.
Jas czrtam tschowek.

Zuerst den Kopf.
Најпрво главата.
Najprwo glawata.

Der Mann trägt einen Hut.
Човекот носи еден шешир.
Tschowekot nosi jeden scheschir.

Die Haare sieht man nicht.
Косата не му се гледа.
Kosata ne mu se gleda.

Die Ohren sieht man auch nicht.
Ушите исто така не му се гледаат.
Uschite isto taka ne mu se gledaat.

Den Rücken sieht man auch nicht.
Грбот исто така не му се гледа.
Grbot isto taka ne mu se gleda.

Ich zeichne die Augen und den Mund.
Ги цртам очите и устата.
Gi czrtam otschite i ustata.

Der Mann tanzt und lacht.
Човекот танцува и се смее.
Tschowekot tanczuwa i se smee.

Der Mann hat eine lange Nase.
Човекот има долг нос.
Tschowekot ima dolg nos.

58 [achtundfünfzig]

Körperteile

58 [педесет и осум]
58 [pedeset i osum]

Делови на телото
Delowi na teloto

Er trägt einen Stock in den Händen.	Тој во рацете носи еден стап. Toj wo raczete nosi jeden stap.
Er trägt auch einen Schal um den Hals.	Тој околу вратот носи исто така и еден шал. Toj okolu wratot nosi isto taka i jeden schal.
Es ist Winter und es ist kalt.	Зима е и студено е. Sima je i studeno je.
Die Arme sind kräftig.	Рацете се силни. Raczete se silni.
Die Beine sind auch kräftig.	Нозете исто така се силни. Nosete isto taka se silni.
Der Mann ist aus Schnee.	Човекот е од снег. Tschowekot je od sneg.
Er trägt keine Hose und keinen Mantel.	Тој не носи панталони и мантил. Toj ne nosi pantaloni i mantil.
Aber der Mann friert nicht.	Но човекот не се смрзнува. No tschowekot ne se smrsnuwa.
Er ist ein Schneemann.	Тоа е снешко. Toa je sneschko.

59 [neunundfünfzig]

59 [педесет и девет]
59 [pedeset i dewet]

Im Postamt

Во пошта
Wo poschta

Wo ist das nächste Postamt?	Каде е најблиската пошта? Kade je najbliskata poschta?
Ist es weit bis zum nächsten Postamt?	Далеку ли е до најблиската пошта? Daleku li je do najbliskata poschta?
Wo ist der nächste Briefkasten?	Каде е најблиското поштенско сандаче? Kade je najbliskoto poschtensko sandatsche?
Ich brauche ein paar Briefmarken.	Ми требаат неколку поштенски марки. Mi trebaat nekolku poschtenski marki.
Für eine Karte und einen Brief.	За една картичка и едно писмо. Sa jedna kartitschka i jedno pismo.
Wie teuer ist das Porto nach Amerika?	Колку чини поштарината за Америка? Kolku tschini poschtarinata sa Amerika?
Wie schwer ist das Paket?	Колку е тежок пакетот? Kolku je teschok paketot?
Kann ich es per Luftpost schicken?	Можам ли да го испратам со авионска пошта? Moscham li da go ispratam so awionska poschta?
Wie lange dauert es, bis es ankommt?	Колку долго трае, додека да пристигне? Kolku dolgo trae, dodeka da pristigne?

59 [neunundfünfzig]

Im Postamt

59 [педесет и девет]
59 [pedeset i dewet]

Во пошта
Wo poschta

Wo kann ich telefonieren?
Каде можам да телефонирам?
Kade moscham da telefoniram?

Wo ist die nächste Telefonzelle?
Каде е следната телефонска говорница?
Kade je slednata telefonska gowornicza?

Haben Sie Telefonkarten?
Имате ли телефонски картички?
Imate li telefonski kartitschki?

Haben Sie ein Telefonbuch?
Имате ли телефонски именик?
Imate li telefonski imenik?

Kennen Sie die Vorwahl von Österreich?
Го знаете ли повикувачкиот број за Австрија?
Go snaete li powikuwatschkiot broj sa Awstrija?

Einen Augenblick, ich schau mal nach.
Само момент, да проверам.
Samo moment, da proweram.

Die Leitung ist immer besetzt.
Линијата е секогаш зафатена.
Linijata je sekogasch safatena.

Welche Nummer haben Sie gewählt?
Кој број го биравте?
Koj broj go birawte?

Sie müssen zuerst die Null wählen!
Најпрво морате да изберете нула.
Najprwo morate da isberete nula.

60 [sechzig]

60 [шеесет]
60 [scheeset]

In der Bank

Во банка

Wo banka

Ich möchte ein Konto eröffnen.	Би сакал / сакала да отворам една сметка. Bi sakal / sakala da otworam jedna smetka.
Hier ist mein Pass.	Еве го мојот пасош. Ewe go mojot pasosch.
Und hier ist meine Adresse.	А ова е мојата адреса. A owa je mojata adresa.
Ich möchte Geld auf mein Konto einzahlen.	Би сакал / сакала да уплатам пари на мојата сметка. Bi sakal / sakala da uplatam pari na mojata smetka.
Ich möchte Geld von meinem Konto abheben.	Би сакал / сакала да подигнам пари од мојата сметка. Bi sakal / sakala da podignam pari od mojata smetka.
Ich möchte die Kontoauszüge abholen.	Би сакал / сакала да земам извештај за сметката. Bi sakal / sakala da semam isweschtaj sa smetkata.
Ich möchte einen Reisescheck einlösen.	Би сакал / сакала да исплатам еден патнички чек. Bi sakal / sakala da isplatam jeden patnitschki tschek.
Wie hoch sind die Gebühren?	Колку се високи таксите? Kolku se wisoki taksite?
Wo muss ich unterschreiben?	Каде морам да потпишам? Kade moram da potpischam?

60 [sechzig]

60 [шеесет]
60 [scheeset]

In der Bank

Во банка
Wo banka

Ich erwarte eine Überweisung aus Deutschland.	Очекувам трансакција од Германија. Otschekuwam transakczija od Germanija.
Hier ist meine Kontonummer.	Еве го бројот на мојата сметка. Ewe go brojot na mojata smetka.
Ist das Geld angekommen?	Дали се пристигнати парите? Dali se pristignati parite?
Ich möchte dieses Geld wechseln.	Би сакал / сакала да ги променам овие пари. Bi sakal / sakala da gi promenam owie pari.
Ich brauche US-Dollar.	Ми требаат US – долари. (американски долари). Mi trebaat US – dolari. (ameritschki dolari).
Bitte geben Sie mir kleine Scheine.	Ве молам, дадете ми мали банкноти. We molam, dadete mi mali banknoti.
Gibt es hier einen Geldautomat?	Има ли овде банкомат? Ima li owde bankomat?
Wie viel Geld kann man abheben?	Колкава сума може да се подигне? Kolkawa suma mosche da se podigne?
Welche Kreditkarten kann man benutzen?	Која кредитна картичка може да се користи? Koja kreditna kartitschka mosche da se koristi?

61 [einundsechzig]

61 [шеесет и еден]
61 [scheeset i jeden]

Ordinalzahlen

Редни броеви
Redni broewi

Der erste Monat ist der Januar. | Првиот месец е јануари. Prwiot mesecz je januari.

Der zweite Monat ist der Februar. | Вториот месец е февруари. Wtoriot mesecz je fewruari.

Der dritte Monat ist der März. | Третиот месец е март. Tretiot mesecz je mart.

Der vierte Monat ist der April. | Четвртиот месец е април. Tschetwrtiot mesecz je april.

Der fünfte Monat ist der Mai. | Петтиот месец е мај. Pettiot mesecz je maj.

Der sechste Monat ist der Juni. | Шесттиот месец е јуни. Schesttiot mesecz je juni.

Sechs Monate sind ein halbes Jahr. | Шест месеци се половина година. Schest meseczi se polowina godina.

Januar, Februar, März, | јануари, февруари, март januari, fewruari, mart

April, Mai und Juni. | април, мај, јуни. april, maj, juni.

61 [einundsechzig]

Ordinalzahlen

61 [шеесет и еден]
61 [scheeset i jeden]

Редни броеви
Redni broewi

Der siebte Monat ist der Juli.

Седмиот месец е јули.
Sedmiot mesecz je juli.

Der achte Monat ist der August.

Осмиот месец е август.
Osmiot mesecz je awgust.

Der neunte Monat ist der September.

Деветтиот месец е септември.
Dewettiot mesecz je septemwri.

Der zehnte Monat ist der Oktober.

Десеттиот месец е октомври.
Desettiot mesecz je oktomwri.

Der elfte Monat ist der November.

Единаесеттиот месец е ноември.
Edinaesettiot mesecz je noemwri.

Der zwölfte Monat ist der Dezember.

Дванаесеттиот месец е декември.
Dwanaesettiot mesecz je dekemwri.

Zwölf Monate sind ein Jahr.

Дванаесет месеци се една година.
Dwanaeset meseczi se jedna godina.

Juli, August, September,

јули, август, септември,
juli, awgust, septemwri,

Oktober, November und Dezember.

октомври, ноември, декември.
oktomwri, noemwri, dekemwri.

62 [zweiundsechzig]

Fragen stellen 1

62 [шеесет и два]
62 [scheeset i dwa]

Поставување прашања 1
Postawuwaјe praschaјa 1

lernen	учи utschi
Lernen die Schüler viel?	Учат ли учениците многу? Utschat li utscheniczite mnogu?
Nein, sie lernen wenig.	Не, тие учат малку. Ne, tie utschat malku.
fragen	прашува praschuwa
Fragen Sie oft den Lehrer?	Го прашувате ли често наставникот? Go praschuwate li tschesto nastawnikot?
Nein, ich frage ihn nicht oft.	Не, јас не го прашувам често. Ne, jas ne go praschuwam tschesto.
antworten	одговара odgowara
Antworten Sie, bitte.	Одговорете молам. Odgoworete molam.
Ich antworte.	Јас одговарам. Jas odgowaram.

62 [zweiundsechzig]

Fragen stellen 1

62 [шеесет и два]
62 [scheeset i dwa]

Поставување прашања 1
Postawuwaɲe praschaɲa 1

arbeiten
работи
raboti

Arbeitet er gerade?
Работи ли тој сега?
Raboti li toj sega?

Ja, er arbeitet gerade.
Да, тој работи сега.
Da, toj raboti sega.

kommen
доаѓа
doaɟa

Kommen Sie?
Ќе дојдете?
Ce dojdete?

Ja, wir kommen gleich.
Да, ќе дојдеме веднаш.
Da, ce dojdeme wednasch.

wohnen
живее
schiwee

Wohnen Sie in Berlin?
Живеете ли во Берлин?
Schiweete li wo Berlin?

Ja, ich wohne in Berlin.
Да, јас живеам во Берлин.
Da, jas schiweam wo Berlin.

63 [dreiundsechzig]

Fragen stellen 2

63 [шеесет и три]
63 [scheeset i tri]

Поставување прашања 2
Postawuwaȷe praschaȷa 2

Ich habe ein Hobby.	Јас имам хоби. Jas imam chobi.
Ich spiele Tennis.	Јас играм тенис. Jas igram tenis.
Wo ist ein Tennisplatz?	Каде има игралиште за тенис? Kade ima igralischte sa tenis?
Hast du ein Hobby?	Имаш ли хоби? Imasch li chobi?
Ich spiele Fußball.	Јас играм фудбал. Jas igram fudbal.
Wo ist ein Fußballplatz?	Каде има фудбалско игралиште? Kade ima fudbalsko igralischte?
Mein Arm tut weh.	Ме боли раката. Me boli rakata.
Mein Fuß und meine Hand tun auch weh.	Ме боли стопалото и раката исто така. Me boli stopaloto i rakata isto taka.
Wo ist ein Doktor?	Каде има доктор? Kade ima doktor?

63 [dreiundsechzig]

Fragen stellen 2

63 [шеесет и три]
63 [scheeset i tri]

Поставување прашања 2
Postawuwaјe praschaјa 2

Ich habe ein Auto.	Јас имам автомобил. Jas imam awtomobil.
Ich habe auch ein Motorrad.	Јас исто така имам и мотор. Jas isto taka imam i motor.
Wo ist ein Parkplatz?	Каде има паркиралиште? Kade ima parkiralischte?
Ich habe einen Pullover.	Јас имам пуловер. Jas imam pulower.
Ich habe auch eine Jacke und eine Jeans.	Јас исто така имам јакна и едни фармерки. Jas isto taka imam jakna i jedni farmerki.
Wo ist die Waschmaschine?	Каде има машина за перење алишта? Kade ima maschina sa pereјe alischta?
Ich habe einen Teller.	Јас имам чинија. Jas imam tschinija.
Ich habe ein Messer, eine Gabel und einen Löffel.	Јас имам нож, вилушка и лажица. Jas imam nosch, wiluschka i laschicza.
Wo sind Salz und Pfeffer?	Каде се солта и биберот? Kade se solta i biberot?

64 [vierundsechzig]

Verneinung 1

64 [шеесет и четири]
64 [scheeset i tschetiri]

Негирање 1
Negiraɲe 1

Ich verstehe das Wort nicht.	Јас не го разбирам зборот. Jas ne go rasbiram sborot.
Ich verstehe den Satz nicht.	Јас не ја разбирам реченицата. Jas ne ja rasbiram retscheniczata.
Ich verstehe die Bedeutung nicht.	Јас не го разбирам значењето. Jas ne go rasbiram snatscheɲeto.
der Lehrer	наставник / учител nastawnik / utschitel
Verstehen Sie den Lehrer?	Го разбирате ли наставникот? Go rasbirate li nastawnikot?
Ja, ich verstehe ihn gut.	Да, јас го разбирам добро. Da, jas go rasbiram dobro.
die Lehrerin	наставничка / учителка nastawnitschka / utschitelka
Verstehen Sie die Lehrerin?	Ја разбирате ли наставничката? Ja rasbirate li nastawnitschkata?
Ja, ich verstehe sie gut.	Да, јас ја разбирам добро. Da, jas ja rasbiram dobro.

64 [vierundsechzig]

Verneinung 1

64 [шеесет и четири]
64 [scheeset i tschetiri]

Негирање 1
Negiraɲe 1

die Leute

Verstehen Sie die Leute?

Nein, ich verstehe sie nicht so gut.

луѓе
luʒe

Ги разбирате ли луѓето?
Gi rasbirate li luʒeto?

Не, јас не ги разбирам сосема добро.
Ne, jas ne gi rasbiram sosema dobro.

die Freundin

Haben Sie eine Freundin?

Ja, ich habe eine.

пријателка
prijatelka

Имате ли пријателка?
Imate li prijatelka?

Да, имам .
Da, imam .

die Tochter

Haben Sie eine Tochter?

Nein, ich habe keine.

ќерка
cerka

Имате ли ќерка?
Imate li cerka?

Не, јас немам ќерка.
Ne, jas nemam cerka.

65 [fünfundsechzig]

Verneinung 2

65 [шеесет и пет]
65 [scheeset i pet]

Негирање 2
Negiraњe 2

Ist der Ring teuer?	Скап ли е прстенот? Skap li je prstenot?
Nein, er kostet nur hundert Euro.	Не, тој чини само сто евра. Ne, toj tschini samo sto jewra.
Aber ich habe nur fünfzig.	Но јас имам само педесет. No jas imam samo pedeset.
Bist du schon fertig?	Готов / готова ли си веќе? Gotow / gotowa li si wece?
Nein, noch nicht.	Не, сеуште не сум. Ne, seuschte ne sum.
Aber gleich bin ich fertig.	Но веднаш ќе бидам готов / готова. No wednasch ce bidam gotow / gotowa.
Möchtest du noch Suppe?	Сакаш ли уште супа? Sakasch li uschte supa?
Nein, ich will keine mehr.	Не, не сакам повеќе. Ne, ne sakam powece.
Aber noch ein Eis.	Но сакам уште еден сладолед. No sakam uschte jeden sladoled.

65 [fünfundsechzig]

Verneinung 2

65 [шеесет и пет]
65 [scheeset i pet]

Негирање 2
Negiraнe 2

Wohnst du schon lange hier?	Живееш ли веќе долго овде? Schiweesch li wece dolgo owde?
Nein, erst einen Monat.	Не, штотуку еден месец. Ne, schtotuku jeden mesecz.
Aber ich kenne schon viele Leute.	Но познавам веќе многу луѓе. No posnawam wece mnogu luϳe.
Fährst du morgen nach Hause?	Патуваш ли утре накај дома? Patuwasch li utre nakaj doma?
Nein, erst am Wochenende.	Не, дури за викендот. Ne, duri sa wikendot.
Aber ich komme schon am Sonntag zurück.	Но се враќам веќе во недела. No se wracam wece wo nedela.
Ist deine Tochter schon erwachsen?	Дали твојата ќерка е веќе возрасна? Dali twojata cerka je wece wosrasna?
Nein, sie ist erst siebzehn.	Не, таа е штотуку седумнаесет. Ne, taa je schtotuku sedumnaeset.
Aber sie hat schon einen Freund.	Но таа веќе има дечко. No taa wece ima detschko.

66
[sechsundsechzig]

Possessivpronomen 1

66 [шеесет и шест]
66 [scheeset i schest]

Присвојни заменки 1
Priswojni samenki 1

ich – mein	јас – мој jas – moj
Ich finde meinen Schlüssel nicht.	Неможам да го најдам мојот / својот клуч. Nemoscham da go najdam mojot / swojot klutsch.
Ich finde meine Fahrkarte nicht.	Неможам да го најдам мојот / својот возен билет. Nemoscham da go najdam mojot / swojot wosen bilet.
du – dein	ти – твој ti – twoj
Hast du deinen Schlüssel gefunden?	Го најде ли твојот / својот клуч? Go najde li twojot / swojot klutsch?
Hast du deine Fahrkarte gefunden?	Го најде ли твојот / својот возен билет? Go najde li twojot / swojot wosen bilet?
er – sein	тој – негов toj – negow
Weißt du, wo sein Schlüssel ist?	Знаеш ли каде е неговиот клуч? Snaesch li kade je negowiot klutsch?
Weißt du, wo seine Fahrkarte ist?	Знаеш ли каде е неговиот возен билет? Snaesch li kade je negowiot wosen bilet?

66
[sechsundsechzig]

Possessivpronomen 1

66 [шеесет и шест]
66 [scheeset i schest]

Присвојни заменки 1
Priswojni samenki 1

sie – ihr
таа – нејзин
taa – nejsin

Ihr Geld ist weg.
Нејзините пари ги нема.
Nejsinite pari gi nema.

Und ihre Kreditkarte ist auch weg.
А и нејзината кредитна картичка ја нема.
A i nejsinata kreditna kartitschka ja nema.

wir – unser
ние – наш
nie – nasch

Unser Opa ist krank.
Нашиот дедо е болен.
Naschiot dedo je bolen.

Unsere Oma ist gesund.
Нашата баба е здрава.
Naschata baba je sdrawa.

ihr – euer
вие – ваш
wie – wasch

Kinder, wo ist euer Vati?
Деца, каде е вашиот татко?
Decza, kade je waschiot tatko?

Kinder, wo ist eure Mutti?
Деца, каде е вашата мајка?
Decza, kade je waschata majka?

67 [siebenundsechzig]

Possessivpronomen 2

67 [шеесет и седум]
67 [scheeset i sedum]

Присвојни заменки 2
Priswojni samenki 2

die Brille
очила
otschila

Er hat seine Brille vergessen.
Тој ги заборави своите очила.
Toj gi saborawi swoite otschila.

Wo hat er denn seine Brille?
Каде се неговите очила?
Kade se negowite otschila?

die Uhr
часовник
tschasownik

Seine Uhr ist kaputt.
Неговиот часовник е расипан.
Negowiot tschasownik je rasipan.

Die Uhr hängt an der Wand.
Часовникот е закачен на ѕидот.
Tschasownikot je sakatschen na sidot.

der Pass
пасош
pasosch

Er hat seinen Pass verloren.
Тој го загуби својот пасош.
Toj go sagubi swojot pasosch.

Wo hat er denn seinen Pass?
Каде е неговиот пасош?
Kade je negowiot pasosch?

67
[siebenundsechzig]

67 [шеесет и седум]
67 [scheeset i sedum]

Possessivpronomen 2

Присвојни заменки 2
Priswojni samenki 2

sie – ihr

тие – нивен
tie – niwen

Die Kinder können ihre Eltern nicht finden.

Децата не можат да ги најдат своите родители.
Deczata ne moschat da gi najdat swoite roditeli.

Aber da kommen ja ihre Eltern!

Ама еве ги доаѓаат нивните родители!
Ama jewe gi doaѓaat niwnite roditeli!

Sie – Ihr

Вие – Ваш
Wie – Wasch

Wie war Ihre Reise, Herr Müller?

Какво беше Вашето патување, господине Милер?
Kakwo besche Wascheto patuwaње, gospodine Miler?

Wo ist Ihre Frau, Herr Müller?

Каде е Вашата сопруга, господине Милер?
Kade je Waschata sopruga, gospodine Miler?

Sie – Ihr

Вие – Ваш
Wie – Wasch

Wie war Ihre Reise, Frau Schmidt?

Какво беше Вашето патување, госпоѓо Шмит?
Kakwo besche Wascheto patuwaње, gospoѓo Schmit?

Wo ist Ihr Mann, Frau Schmidt?

Каде е Вашиот сопруг, госпоѓо Шмит?
Kade je Waschiot soprug, gospoѓo Schmit?

68 [achtundsechzig]

groß – klein

68 [шеесет и осум]
68 [scheeset i osum]

голем – мал
golem – mal

groß und klein	голем и мал golem i mal
Der Elefant ist groß.	Слонот е голем. Slonot je golem.
Die Maus ist klein.	Глушецот е мал. Gluscheczot je mal.
dunkel und hell	темен и светол temen i swetol
Die Nacht ist dunkel.	Нoќта е темна. Nocta je temna.
Der Tag ist hell.	Денот е светол. Denot je swetol.
alt und jung	стар и млад star i mlad
Unser Großvater ist sehr alt.	Нашиот дедо е многу стар. Naschiot dedo je mnogu star.
Vor 70 Jahren war er noch jung.	Пред 70 години беше уште млад. Pred 70 godini besche uschte mlad.

68 [achtundsechzig]

groß – klein

68 [шеесет и осум]
68 [scheeset i osum]

голем – мал
golem – mal

schön und hässlich

Der Schmetterling ist schön.

Die Spinne ist hässlich.

убав и грд
ubaw i grd
Пеперутката е убава.
Peperutkata je ubawa.
Пајакот е грд.
Pajakot je grd.

dick und dünn

Eine Frau mit 100 Kilo ist dick.

Ein Mann mit 50 Kilo ist dünn.

дебел и слаб / тенок
debel i slab / tenok
Жена со 100 килограми е дебела.
Schena so 100 kilogrami je debela.
Маж со 50 килограми е слаб.
Masch so 50 kilogrami je slab.

teuer und billig

Das Auto ist teuer.

Die Zeitung ist billig.

скап и евтин
skap i jewtin
Автомобилот е скап.
Awtomobilot je skap.
Весникот е евтин.
Wesnikot je jewtin.

69
[neunundsechzig]

brauchen –
wollen

69 [шеесет и девет]
69 [scheeset i dewet]

треба / има потреба – сака
treba / ima potreba – saka

Ich brauche ein Bett.	Ми треба кревет. Mi treba krewet.
Ich will schlafen.	Сакам да спијам. Sakam da spijam.
Gibt es hier ein Bett?	Има ли овде кревет? Ima li owde krewet?
Ich brauche eine Lampe.	Ми треба лампа. Mi treba lampa.
Ich will lesen.	Сакам да читам. Sakam da tschitam.
Gibt es hier eine Lampe?	Има ли овде една лампа? Ima li owde jedna lampa?
Ich brauche ein Telefon.	Ми треба телефон. Mi treba telefon.
Ich will telefonieren.	Сакам да телефонирам. Sakam da telefoniram.
Gibt es hier ein Telefon?	Има ли овде телефон? Ima li owde telefon?

69
[neunundsechzig]

brauchen – wollen

69 [шеесет и девет]
69 [scheeset i dewet]

треба / има потреба – сака
treba / ima potreba – saka

Ich brauche eine Kamera.	Ми треба камера. Mi treba kamera.
Ich will fotografieren.	Сакам да фотографирам. Sakam da fotografiram.
Gibt es hier eine Kamera?	Има ли овде камера? Ima li owde kamera?
Ich brauche einen Computer.	Ми треба компјутер. Mi treba kompjuter.
Ich will eine E-Mail schicken.	Сакам да испратам една E-mail порака. Sakam da ispratam jedna E-mail poraka.
Gibt es hier einen Computer?	Има ли овде компјутер? Ima li owde kompjuter?
Ich brauche einen Kuli.	Ми треба пенкало. Mi treba penkalo.
Ich will etwas schreiben.	Сакам да напишам нешто. Sakam da napischam neschto.
Gibt es hier ein Blatt Papier und einen Kuli?	Има ли овде лист хартија и пенкало? Ima li owde list chartija i penkalo?

70 [siebzig]

70 [седумдесет]
70 [sedumdeset]

etwas mögen

нешто сака
neschto saka

Möchten Sie rauchen?	Сакате ли да пушите? Sakate li da puschite?
Möchten Sie tanzen?	Сакате ли да танцувате? Sakate li da tanczuwate?
Möchten Sie spazieren gehen?	Сакате ли да се прошетате? Sakate li da se proschetate?
Ich möchte rauchen.	Јас сакам да пушам. Jas sakam da puscham.
Möchtest du eine Zigarette?	Сакаш ли една цигара? Sakasch li jedna czigara?
Er möchte Feuer.	Тој сака запалка. Toj saka sapalka.
Ich möchte etwas trinken.	Сакам да се напијам нешто. Sakam da se napijam neschto.
Ich möchte etwas essen.	Сакам да јадам нешто. Sakam da jadam neschto.
Ich möchte mich etwas ausruhen.	Сакам малку да се одморам. Sakam malku da se odmoram.

70 [siebzig]

etwas mögen

70 [седумдесет]
70 [sedumdeset]

нешто сака
neschto saka

Ich möchte Sie etwas fragen.	Сакам да Ве прашам нешто. Sakam da We prascham neschto.
Ich möchte Sie um etwas bitten.	Сакам да Ве замолам за нешто. Sakam da We samolam sa neschto.
Ich möchte Sie zu etwas einladen.	Сакам да Ве поканам за нешто. Sakam da We pokanam sa neschto.
Was möchten Sie bitte?	Што сакате, молам? Schto sakate, molam?
Möchten Sie einen Kaffee?	Сакате ли кафе? Sakate li kafe?
Oder möchten Sie lieber einen Tee?	Или повеќе сакате чај? Ili powece sakate tschaj?
Wir möchten nach Hause fahren.	Сакаме да патуваме накај дома. Sakame da patuwame nakaj doma.
Möchtet ihr ein Taxi?	Сакате ли такси? Sakate li taksi?
Sie möchten telefonieren.	Вие сакате да телефонирате. Wie sakate da telefonirate.

71 [einundsiebzig]

etwas wollen

71 [седумдесет и еден]
71 [sedumdeset i jeden]

нешто сака
neschto saka

Was wollt ihr?	Што сакате? Schto sakate?
Wollt ihr Fußball spielen?	Сакате ли да играте фудбал? Sakate li da igrate fudbal?
Wollt ihr Freunde besuchen?	Сакате ли да си ги посетите пријатели? Sakate li da si gi posetite prijateli?
wollen	сака saka
Ich will nicht spät kommen.	Не сакам да задоцнам. Ne sakam da sadocznam.
Ich will nicht hingehen.	Не сакам да одам таму. Ne sakam da odam tamu.
Ich will nach Hause gehen.	Сакам да си одам дома. Sakam da si odam doma.
Ich will zu Hause bleiben.	Сакам да останам дома. Sakam da ostanam doma.
Ich will allein sein.	Сакам да бидам сам / сама. Sakam da bidam sam / sama.

71 [einundsiebzig]

etwas wollen

71 [седумдесет и еден]
71 [sedumdeset i jeden]

нешто сака
neschto saka

Willst du hier bleiben?	Сакаш ли да останеш овде? Sakasch li da ostanesch owde?
Willst du hier essen?	Сакаш ли да јадеш овде? Sakasch li da jadesch owde?
Willst du hier schlafen?	Сакаш ли да спиеш овде? Sakasch li da spiesch owde?
Wollen Sie morgen abfahren?	Сакате ли да тргнете утре? Sakate li da trgnete utre?
Wollen Sie bis morgen bleiben?	Сакате ли да останете до утре? Sakate li da ostanete do utre?
Wollen Sie die Rechnung erst morgen bezahlen?	Сакате ли сметката да ја платите утре? Sakate li smetkata da ja platite utre?
Wollt ihr in die Disko?	Сакате ли во диско? Sakate li wo disko?
Wollt ihr ins Kino?	Сакате ли во кино? Sakate li wo kino?
Wollt ihr ins Café?	Сакате ли во кафуле? Sakate li wo kafule?

72 [zweiundsiebzig]

etwas müssen

72 [седумдесет и два]

72 [sedumdeset i dwa]

нешто мора

neschto mora

müssen	мора mora
Ich muss den Brief verschicken.	Морам да го испратам писмото. Moram da go ispratam pismoto.
Ich muss das Hotel bezahlen.	Морам да го платам хотелот. Moram da go platam chotelot.
Du musst früh aufstehen.	Мораш да станеш рано. Morasch da stanesch rano.
Du musst viel arbeiten.	Мораш да работиш многу. Morasch da rabotisch mnogu.
Du musst pünktlich sein.	Мораш да бидеш точен. Morasch da bidesch totschen.
Er muss tanken.	Тој мора да наполни бензин. Toj mora da napolni bensin.
Er muss das Auto reparieren.	Тој мора да го поправи автомобилот / возилото. Toj mora da go poprawi awtomobilot / wosiloto.
Er muss das Auto waschen.	Тој мора да го измие автомобилот / возилото. Toj mora da go ismie awtomobilot / wosiloto.

72 [zweiundsiebzig]

etwas müssen

72 [седумдесет и два]
72 [sedumdeset i dwa]

нешто мора
neschto mora

Sie muss einkaufen.
Таа мора да пазарува.
Taa mora da pasaruwa.

Sie muss die Wohnung putzen.
Таа мора да го чисти станот.
Taa mora da go tschisti stanot.

Sie muss die Wäsche waschen.
Таа мора да ги пере алиштата.
Taa mora da gi pere alischtata.

Wir müssen gleich zur Schule gehen.
Ние мораме веднаш да одиме на училиште.
Nie morame wednasch da odime na utschilischte.

Wir müssen gleich zur Arbeit gehen.
Ние мораме веднаш да одиме на работа.
Nie morame wednasch da odime na rabota.

Wir müssen gleich zum Arzt gehen.
Ние мораме веднаш да одиме на лекар.
Nie morame wednasch da odime na lekar.

Ihr müsst auf den Bus warten.
Вие морате да го чекате автобусот.
Wie morate da go tschekate awtobusot.

Ihr müsst auf den Zug warten.
Вие морате да го чекате возот.
Wie morate da go tschekate wosot.

Ihr müsst auf das Taxi warten.
Вие морате да го чекате таксито.
Wie morate da go tschekate taksito.

73 [dreiundsiebzig]

etwas dürfen

73 [седумдесет и три]
73 [sedumdeset i tri]

нешто смее
neschto smee

Darfst du schon Auto fahren?	Смееш ли веќе да возиш автомобил? Smeesch li wece da wosisch awtomobil?
Darfst du schon Alkohol trinken?	Смееш ли веќе да пиеш алкохол? Smeesch li wece da piesch alkochol?
Darfst du schon allein ins Ausland fahren?	Смееш ли веќе сам / сама да патуваш во странство? Smeesch li wece sam / sama da patuwasch wo stranstwo?
dürfen	смее smee
Dürfen wir hier rauchen?	Смееме ли овде да пушиме? Smeeme li owde da puschime?
Darf man hier rauchen?	Смее ли овде да се пуши? Smee li owde da se puschi?
Darf man mit Kreditkarte bezahlen?	Може ли да се плати со кредитна картичка? Mosche li da se plati so kreditna kartitschka?
Darf man mit Scheck bezahlen?	Може ли да се плати со чек? Mosche li da se plati so tschek?
Darf man nur bar bezahlen?	Може ли да се плати само во готово? Mosche li da se plati samo wo gotowo?

73 [dreiundsiebzig]

etwas dürfen

73 [седумдесет и три]
73 [sedumdeset i tri]

нешто смее
neschto smee

Darf ich mal eben telefonieren?	Смеам ли само да телефонирам? Smeam li samo da telefoniram?
Darf ich mal eben etwas fragen?	Смеам ли само да прашам нешто? Smeam li samo da prascham neschto?
Darf ich mal eben etwas sagen?	Смеам ли само да кажам нешто? Smeam li samo da kascham neschto?
Er darf nicht im Park schlafen.	Тој не смее да спие во паркот. Toj ne smee da spie wo parkot.
Er darf nicht im Auto schlafen.	Тој не смее да спие во автомобилот. Toj ne smee da spie wo awtomobilot.
Er darf nicht im Bahnhof schlafen.	Тој не смее да спие на железничката станица. Toj ne smee da spie na schelesnitschkata stanicza.
Dürfen wir Platz nehmen?	Смееме ли да седнеме? Smeeme li da sedneme?
Dürfen wir die Speisekarte haben?	Смееме ли да го добиеме менито? Smeeme li da go dobieme menito?
Dürfen wir getrennt zahlen?	Смееме ли да платиме одвоено? Smeeme li da platime odwoeno?

74 [vierundsiebzig]

um etwas bitten

74 [седумдесет и четири]
74 [sedumdeset i tschetiri]

за нешто да моли
sa neschto da moli

Können Sie mir die Haare schneiden?	Можете ли да ме потшишате? Moschete li da me potschischate?
Nicht zu kurz, bitte.	Не премногу кратко, молам. Ne premnogu kratko, molam.
Etwas kürzer, bitte.	Малку пократко, молам. Malku pokratko, molam.
Können Sie die Bilder entwickeln?	Можете ли да ги развиете сликите? Moschete li da gi raswiete slikite?
Die Fotos sind auf der CD.	Фотографиите се на CD – то. Fotografiite se na CD – to.
Die Fotos sind in der Kamera.	Фотографиите се во камерата. Fotografiite se wo kamerata.
Können Sie die Uhr reparieren?	Можете ли да го поправите часовникот? Moschete li da go poprawite tschasownikot?
Das Glas ist kaputt.	Стаклото е скршено. Stakloto je skrscheno.
Die Batterie ist leer.	Батеријата е празна. Baterijata je prasna.

74 [vierundsiebzig]

um etwas bitten

74 [седумдесет и четири]

74 [sedumdeset i tschetiri]

за нешто да моли

sa neschto da moli

Können Sie das Hemd bügeln?	Можете ли да ја испеглате кошулата? Moschete li da ja ispeglate koschulata?
Können Sie die Hose reinigen?	Можете ли да ги исчистите панталоните? Moschete li da gi istschistite pantalonite?
Können Sie die Schuhe reparieren?	Можете ли да ги поправите чевлите? Moschete li da gi poprawite tschewlite?
Können Sie mir Feuer geben?	Можете ли да ми дадете запалка? Moschete li da mi dadete sapalka?
Haben Sie Streichhölzer oder ein Feuerzeug?	Имате ли кибрит или запалка? Imate li kibrit ili sapalka?
Haben Sie einen Aschenbecher?	Имате ли пепелник? Imate li pepelnik?
Rauchen Sie Zigarren?	Пушите ли пури? Puschite li puri?
Rauchen Sie Zigaretten?	Пушите ли цигари? Puschite li czigari?
Rauchen Sie Pfeife?	Пушите ли луле? Puschite li lule?

75 [fünfundsiebzig]

etwas begründen 1

75 [седумдесет и пет]

75 [sedumdeset i pet]

нешто појаснува / образложува 1

neschto pojasnuwa / obrasloschuwa 1

Warum kommen Sie nicht?	Зошто не доаѓате? Soschto ne doaȷate?
Das Wetter ist so schlecht.	Времето е лошо. Wremeto je loscho.
Ich komme nicht, weil das Wetter so schlecht ist.	Не доаѓам, бидејки времето е лошо. Ne doaȷam, bidejki wremeto je loscho.
Warum kommt er nicht?	Зошто тој не доаѓа? Soschto toj ne doaȷa?
Er ist nicht eingeladen.	Тој не е поканет. Toj ne je pokanet.
Er kommt nicht, weil er nicht eingeladen ist.	Тој не доаѓа, бидејки не е поканет. Toj ne doaȷa, bidejki ne je pokanet.
Warum kommst du nicht?	Зошто ти не доаѓаш? Soschto ti ne doaȷasch?
Ich habe keine Zeit.	Јас немам време. Jas nemam wreme.
Ich komme nicht, weil ich keine Zeit habe.	Јас не доаѓам, бидејки немам време. Jas ne doaȷam, bidejki nemam wreme.

75 [fünfundsiebzig]

etwas begründen 1

75 [седумдесет и пет]

75 [sedumdeset i pet]

нешто појаснува / образложува 1

neschto pojasnuwa / obrasloschuwa 1

Warum bleibst du nicht?	Зошто не останеш? Soschto ne ostanesch?
Ich muss noch arbeiten.	Морам уште да работам. Moram uschte da rabotam.
Ich bleibe nicht, weil ich noch arbeiten muss.	Јас не останувам, бидејки морам уште да работам. Jas ne ostanuwam, bidejki moram uschte da rabotam.
Warum gehen Sie schon?	Зошто веќе си одите? Soschto wece si odite?
Ich bin müde.	Јас сум уморен / уморна. Jas sum umoren / umorna.
Ich gehe, weil ich müde bin.	Си одам, бидејки сум уморен / уморна. Si odam, bidejki sum umoren / umorna.
Warum fahren Sie schon?	Зошто веќе заминувате? Soschto wece saminuwate?
Es ist schon spät.	Доцна е веќе. Doczna je wece.
Ich fahre, weil es schon spät ist.	Јас заминувам, бидејки е веќе доцна. Jas saminuwam, bidejki je wece doczna.

76
[sechsundsiebzig]

etwas begründen
2

76 [седумдесет и
шест]
76 [sedumdeset i
schest]

нешто појаснува
/ образложува 2
neschto pojasnuwa /
obrasloschuwa 2

Warum bist du nicht gekommen?	Зошто не дојде? Soschto ne dojde?
Ich war krank.	Бев болен / болна. Bew bolen / bolna.
Ich bin nicht gekommen, weil ich krank war.	Јас не дојдов, бидејки бев болен / болна. Jas ne dojdow, bidejki bew bolen / bolna.
Warum ist sie nicht gekommen?	Зошто таа не дојде? Soschto taa ne dojde?
Sie war müde.	Таа беше уморна. Taa besche umorna.
Sie ist nicht gekommen, weil sie müde war.	Таа не дојде, бидејки беше уморна. Taa ne dojde, bidejki besche umorna.
Warum ist er nicht gekommen?	Зошто тој не дојде? Soschto toj ne dojde?
Er hatte keine Lust.	Тој немаше желба. Toj nemasche schelba.
Er ist nicht gekommen, weil er keine Lust hatte.	Тој не дојде, бидејки немаше желба. Toj ne dojde, bidejki nemasche schelba.

76 [sechsundsiebzig]

etwas begründen 2

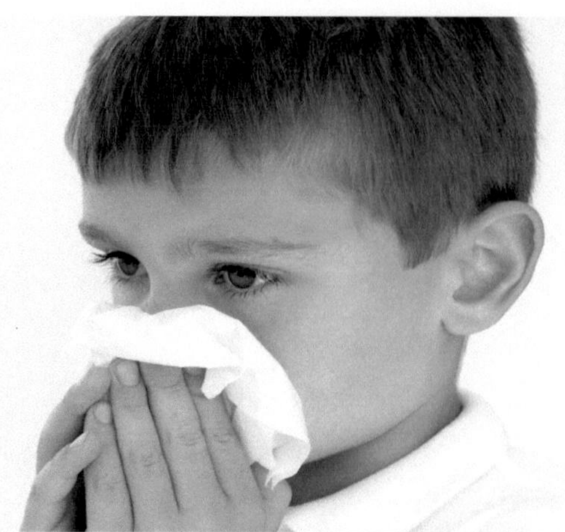

76 [седумдесет и шест]

76 [sedumdeset i schest]

нешто појаснува / образложува 2

neschto pojasnuwa / obrasloschuwa 2

Warum seid ihr nicht gekommen?	Зошто вие не дојдовте? Soschto wie ne dojdowte?
Unser Auto ist kaputt.	Нашиот автомобил е расипан. Naschiot awtomobil je rasipan.
Wir sind nicht gekommen, weil unser Auto kaputt ist.	Ние не дојдовме, бидејки нашиот автомобил е расипан. Nie ne dojdowme, bidejki naschiot awtomobil je rasipan.
Warum sind die Leute nicht gekommen?	Зошто луѓето не дојдоа? Soschto luɟeto ne dojdoa?
Sie haben den Zug verpasst.	Тие го пропуштија возот. Tie go propuschtija wosot.
Sie sind nicht gekommen, weil sie den Zug verpasst haben.	Тие не дојдоа, бидејки го пропуштија возот. Tie ne dojdoa, bidejki go propuschtija wosot.
Warum bist du nicht gekommen?	Зошто ти не дојде? Soschto ti ne dojde?
Ich durfte nicht.	Јас не смеев. Jas ne smeew.
Ich bin nicht gekommen, weil ich nicht durfte.	Јас не дојдов, бидејки не смеев. Jas ne dojdow, bidejki ne smeew.

77 [siebenundsiebzig]

etwas begründen 3

77 [седумдесет и седум]
77 [sedumdeset i sedum]

нешто појаснува / образложува 3
neschto pojasnuwa / obrasloschuwa 3

Warum essen Sie die Torte nicht?	Зошто не ја јадете тортата? Soschto ne ja jadete tortata?
Ich muss abnehmen.	Јас морам да ослабам. Jas moram da oslabam.
Ich esse sie nicht, weil ich abnehmen muss.	Јас не ја јадам, бидејки морам да ослабам. Jas ne ja jadam, bidejki moram da oslabam.
Warum trinken Sie das Bier nicht?	Зошто не го пиете пивото? Soschto ne go piete piwoto?
Ich muss noch fahren.	Јас морам уште да возам. Jas moram uschte da wosam.
Ich trinke es nicht, weil ich noch fahren muss.	Јас не го пијам, бидејки морам уште да возам. Jas ne go pijam, bidejki moram uschte da wosam.
Warum trinkst du den Kaffee nicht?	Зошто не го пиеш кафето? Soschto ne go piesch kafeto?
Er ist kalt.	Тоа е студено. Toa je studeno.
Ich trinke ihn nicht, weil er kalt ist.	Јас не го пијам, бидејки е студено. Jas ne go pijam, bidejki je studeno.

77
[siebenundsiebzig]

etwas begründen
3

77 [седумдесет и
седум]
77 [sedumdeset i
sedum]

нешто појаснува
/ образложува 3
neschto pojasnuwa /
obrasloschuwa 3

Warum trinkst du den Tee nicht?	Зошто не го пиеш чајот? Soschto ne go piesch tschajot?
Ich habe keinen Zucker.	Немам шеќер. Nemam schecer.
Ich trinke ihn nicht, weil ich keinen Zucker habe.	Јас не го пијам, бидејки немам шеќер. Jas ne go pijam, bidejki nemam schecer.
Warum essen Sie die Suppe nicht?	Зошто не ја јадете супата? Soschto ne ja jadete supata?
Ich habe sie nicht bestellt.	Јас не ја нарачав. Jas ne ja naratschaw.
Ich esse sie nicht, weil ich sie nicht bestellt habe.	Јас не ја јадам, бидејки не ја нарачав. Jas ne ja jadam, bidejki ne ja naratschaw.
Warum essen Sie das Fleisch nicht?	Зошто не го јадете месото? Soschto ne go jadete mesoto?
Ich bin Vegetarier.	Јас сум вегетаријанец. Jas sum wegetarijanecz.
Ich esse es nicht, weil ich Vegetarier bin.	Јас не го јадам, бидејки сум вегетаријанец. Jas ne go jadam, bidejki sum wegetarijanecz.

78 [achtundsiebzig]

Adjektive 1

78 [седумдесет и осум]
78 [sedumdeset i osum]

Придавки 1
Pridawki 1

eine alte Frau	една стара жена edna stara schena
eine dicke Frau	една дебела жена edna debela schena
eine neugierige Frau	една радознала жена edna radosnala schena
ein neuer Wagen	една нова кола edna nowa kola
ein schneller Wagen	една брза кола edna brsa kola
ein bequemer Wagen	една удобна кола edna udobna kola
ein blaues Kleid	еден син фустан eden sin fustan
ein rotes Kleid	еден црвен фустан eden czrwen fustan
ein grünes Kleid	еден зелен фустан eden selen fustan

78 [achtundsiebzig]

Adjektive 1

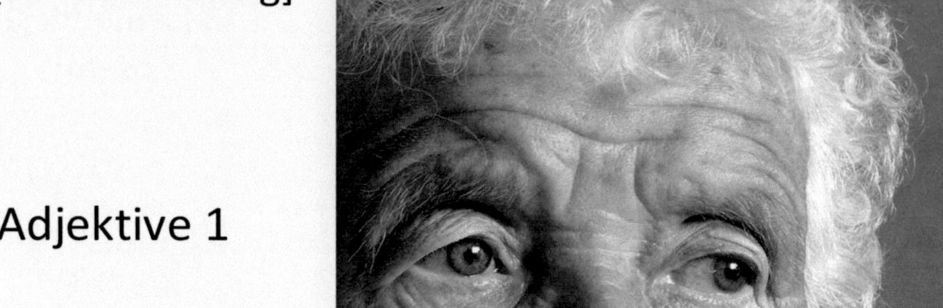

78 [седумдесет и осум]
78 [sedumdeset i osum]

Придавки 1
Pridawki 1

eine schwarze Tasche	една црна ташна edna czrna taschna
eine braune Tasche	една кафеава ташна edna kafeawa taschna
eine weiße Tasche	една бела ташна edna bela taschna
nette Leute	љубезни луѓе ljubesni luɟe
höfliche Leute	учтиви луѓе utschtiwi luɟe
interessante Leute	интересни луѓе interesni luɟe
liebe Kinder	мили деца mili decza
freche Kinder	дрски деца drski decza
brave Kinder	мирни деца mirni decza

79 [neunundsiebzig]

Adjektive 2

79 [седумдесет и девет]
79 [sedumdeset i dewet]

Придавки 2
Pridawki 2

Ich habe ein blaues Kleid an.	Облечена сум во син фустан. Obletschena sum wo sin fustan.
Ich habe ein rotes Kleid an.	Облечена сум во црвен фустан. Obletschena sum wo czrwen fustan.
Ich habe ein grünes Kleid an.	Облечена сум во зелен фустан. Obletschena sum wo selen fustan.
Ich kaufe eine schwarze Tasche.	Јас купувам една црна ташна. Jas kupuwam jedna czrna taschna.
Ich kaufe eine braune Tasche.	Јас купувам една кафеава ташна. Jas kupuwam jedna kafeawa taschna.
Ich kaufe eine weiße Tasche.	Јас купувам една бела ташна. Jas kupuwam jedna bela taschna.
Ich brauche einen neuen Wagen.	Ми треба нова кола. Mi treba nowa kola.
Ich brauche einen schnellen Wagen.	Ми треба брза кола. Mi treba brsa kola.
Ich brauche einen bequemen Wagen.	Ми треба удобна кола. Mi treba udobna kola.

79 [neunundsiebzig]	79 [седумдесет и девет] 79 [sedumdeset i dewet]
Adjektive 2	Придавки 2 Pridawki 2

Da oben wohnt eine alte Frau.	Таму горе живее една стара жена. Tamu gore schiwee jedna stara schena.
Da oben wohnt eine dicke Frau.	Таму горе живее една дебела жена. Tamu gore schiwee jedna debela schena.
Da unten wohnt eine neugierige Frau.	Таму долу живее една радознала жена. Tamu dolu schiwee jedna radosnala schena.
Unsere Gäste waren nette Leute.	Нашите гости беа фини луѓе. Naschite gosti bea fini luɟe.
Unsere Gäste waren höfliche Leute.	Нашите гости беа учтиви луѓе. Naschite gosti bea utschtiwi luɟe.
Unsere Gäste waren interessante Leute.	Нашите гости беа интересни луѓе. Naschite gosti bea interesni luɟe.
Ich habe liebe Kinder.	Јас имам мили деца. Jas imam mili decza.
Aber die Nachbarn haben freche Kinder.	Но соседите имаат дрски деца. No sosedite imaat drski decza.
Sind Ihre Kinder brav?	Дали Вашите деца се мирни? Dali Waschite decza se mirni?

80 [achtzig]

Adjektive 3

80 [осумдесет]
80 [osumdeset]

Придавки 3
Pridawki 3

Sie hat einen Hund.
Таа има куче.
Taa ima kutsche.

Der Hund ist groß.
Кучето е големо.
Kutscheto je golemo.

Sie hat einen großen Hund.
Таа има големо куче.
Taa ima golemo kutsche.

Sie hat ein Haus.
Таа има куќа.
Taa ima kuca.

Das Haus ist klein.
Куќата е мала.
Kucata je mala.

Sie hat ein kleines Haus.
Таа има една мала куќа.
Taa ima jedna mala kuca.

Er wohnt in einem Hotel.
Тој живее во хотел.
Toj schiwee wo chotel.

Das Hotel ist billig.
Хотелот е евтин.
Chotelot je jewtin.

Er wohnt in einem billigen Hotel.
Тој живее во евтин хотел.
Toj schiwee wo jewtin chotel.

80 [achtzig]

80 [осумдесет]
80 [osumdeset]

Adjektive 3

Придавки 3
Pridawki 3

Er hat ein Auto.	Тој има автомобил. Toj ima awtomobil.
Das Auto ist teuer.	Автомобилот е скап. Awtomobilot je skap.
Er hat ein teures Auto.	Тој има скап автомобил. Toj ima skap awtomobil.
Er liest einen Roman.	Тој чита еден роман. Toj tschita jeden roman.
Der Roman ist langweilig.	Романот е досаден. Romanot je dosaden.
Er liest einen langweiligen Roman.	Тој чита еден досаден роман. Toj tschita jeden dosaden roman.
Sie sieht einen Film.	Таа гледа еден филм. Taa gleda jeden film.
Der Film ist spannend.	Филмот е интересен. Filmot je interesen.
Sie sieht einen spannenden Film.	Таа гледа еден интересен филм. Taa gleda jeden interesen film.

81 [einundachtzig]

Vergangenheit 1

81 [осумдесет и еден]
81 [osumdeset i jeden]

Минато време 1
Minato wreme 1

schreiben	пишува pischuwa
Er schrieb einen Brief.	Тој напиша едно писмо. Toj napischa jedno pismo.
Und sie schrieb eine Karte.	А таа напиша една картичка. A taa napischa jedna kartitschka.
lesen	чита tschita
Er las eine Illustrierte.	Тој читаше едно списание. Toj tschitasche jedno spisanie.
Und sie las ein Buch.	А таа читаше една книга. A taa tschitasche jedna kniga.
nehmen	зема sema
Er nahm eine Zigarette.	Тој зеде една цигара. Toj sede jedna czigara.
Sie nahm ein Stück Schokolade.	Таа зеде едно парче чоколадо. Taa sede jedno partsche tschokolado.

81 [einundachtzig]

Vergangenheit 1

81 [осумдесет и един]
81 [osumdeset i jeden]

Минато време 1
Minato wreme 1

Er war untreu, aber sie war treu.
Тој беше неверен, но таа беше верна.
Toj besche neweren, no taa besche werna.

Er war faul, aber sie war fleißig.
Тој беше мрзелив, но таа беше вредна.
Toj besche mrseliw, no taa besche wredna.

Er war arm, aber sie war reich.
Тој беше сиромашен, но таа беше богата.
Toj besche siromaschen, no taa besche bogata.

Er hatte kein Geld, sondern Schulden.
Тој немаше пари, туку долгови.
Toj nemasche pari, tuku dolgowi.

Er hatte kein Glück, sondern Pech.
Тој немаше среќа, туку малер.
Toj nemasche sreca, tuku maler.

Er hatte keinen Erfolg, sondern Misserfolg.
Тој немаше успех, туку неуспех.
Toj nemasche uspech, tuku neuspech.

Er war nicht zufrieden, sondern unzufrieden.
Тој не беше задоволен, туку незадоволен.
Toj ne besche sadowolen, tuku nesadowolen.

Er war nicht glücklich, sondern unglücklich.
Тој не беше среќен, туку несреќен.
Toj ne besche srecen, tuku nesrecen.

Er war nicht sympathisch, sondern unsympathisch.
Тој не беше симпатичен, туку несимпатичен.
Toj ne besche simpatitschen, tuku nesimpatitschen.

82 [zweiundachtzig]

82 [осумдесет и два]

82 [osumdeset i dwa]

Vergangenheit 2

Минато време 2

Minato wreme 2

Musstest du einen Krankenwagen rufen?	Мораше ли да повикаш едно болничко возило? Morasche li da powikasch jedno bolnitschko wosilo?
Musstest du den Arzt rufen?	Мораше ли да го повикаш лекарот? Morasche li da go powikasch lekarot?
Musstest du die Polizei rufen?	Мораше ли да ја повикаш полицијата? Morasche li da ja powikasch policzijata?
Haben Sie die Telefonnummer? Gerade hatte ich sie noch.	Го имате ли телефонскиот број? Сега го имав. Go imate li telefonskiot broj? Sega go imaw.
Haben Sie die Adresse? Gerade hatte ich sie noch.	Ја имате ли адресата? Сега ја имав. Ja imate li adresata? Sega ja imaw.
Haben Sie den Stadtplan? Gerade hatte ich ihn noch.	Имате ли карта од градот? Сега ја имав. Imate li karta od gradot? Sega ja imaw.
Kam er pünktlich? Er konnte nicht pünktlich kommen.	Дојде ли тој точно на време? Тој не можеше да дојде точно на време. Dojde li toj totschno na wreme? Toj ne moschesche da dojde totschno na wreme.
Fand er den Weg? Er konnte den Weg nicht finden.	Го најде ли тој патот? Тој не можеше да го најде патот. Go najde li toj patot? Toj ne moschesche da go najde patot.
Verstand er dich? Er konnte mich nicht verstehen.	Те разбира ли тој? Тој не можеше да ме разбере. Te rasbira li toj? Toj ne moschesche da me rasbere.

82 [zweiundachtzig]

82 [осумдесет и два]
82 [osumdeset i dwa]

Vergangenheit 2

Минато време 2
Minato wreme 2

Warum konntest du nicht pünktlich kommen?
Зошто не можеше да дојдеш точно на време?
Soschto ne moschesche da dojdesch totschno na wreme?

Warum konntest du den Weg nicht finden?
Зошто не можеше да го најдеш патот?
Soschto ne moschesche da go najdesch patot?

Warum konntest du ihn nicht verstehen?
Зошто не можеше да го разбереш?
Soschto ne moschesche da go rasberesch?

Ich konnte nicht pünktlich kommen, weil kein Bus fuhr.
Не можев да дојдам точно на време, бидејќи немаше автобус.
Ne moschew da dojdam totschno na wreme, bidejki nemasche awtobus.

Ich konnte den Weg nicht finden, weil ich keinen Stadtplan hatte.
Не можев да го најдам патот, бидејќи немав карта на градот.
Ne moschew da go najdam patot, bidejki nemaw karta na gradot.

Ich konnte ihn nicht verstehen, weil die Musik so laut war.
Не можев да го разберам, бидејќи музиката беше толку гласна.
Ne moschew da go rasberam, bidejki musikata besche tolku glasna.

Ich musste ein Taxi nehmen.
Морав да земам едно такси.
Moraw da semam jedno taksi.

Ich musste einen Stadtplan kaufen.
Морав да купам карта на градот.
Moraw da kupam karta na gradot.

Ich musste das Radio ausschalten.
Јас морав да го исклучам радиото.
Jas moraw da go isklutscham radioto.

83 [dreiundachtzig]

Vergangenheit 3

83 [осумдесет и три]

83 [osumdeset i tri]

Минато време 3

Minato wreme 3

telefonieren	телефонира telefonira
Ich habe telefoniert.	Јас телефонирав. Jas telefoniraw.
Ich habe die ganze Zeit telefoniert.	Јас цело време телефонирав. Jas czelo wreme telefoniraw.
fragen	прашува praschuwa
Ich habe gefragt.	Јас прашав. Jas praschaw.
Ich habe immer gefragt.	Јас секогаш прашував. Jas sekogasch praschuwaw.
erzählen	раскажува raskaschuwa
Ich habe erzählt.	Јас раскажував. Jas raskaschuwaw.
Ich habe die ganze Geschichte erzählt.	Јас ја раскажав целата приказна. Jas ja raskaschaw czelata prikasna.

83 [dreiundachtzig]

Vergangenheit 3

83 [осумдесет и три]
83 [osumdeset i tri]

Минато време 3
Minato wreme 3

lernen	учи utschi
Ich habe gelernt.	Јас учев. Jas utschew.
Ich habe den ganzen Abend gelernt.	Јас учев цела вечер. Jas utschew czela wetscher.
arbeiten	работи raboti
Ich habe gearbeitet.	Јас работев. Jas rabotew.
Ich habe den ganzen Tag gearbeitet.	Јас работев цел ден. Jas rabotew czel den.
essen	јаде jade
Ich habe gegessen.	Јас јадев. Jas jadew.
Ich habe das ganze Essen gegessen.	Јас го изедов целото јадење. Jas go isedow czeloto jadeӈe.

84 [vierundachtzig]

84 [осумдесет и четири]
84 [osumdeset i tschetiri]

Vergangenheit 4

Минато 4
Minato 4

lesen	чита tschita
Ich habe gelesen.	Јас читав. Jas tschitaw.
Ich habe den ganzen Roman gelesen.	Јас го прочитав целиот роман. Jas go protschitaw czeliot roman.
verstehen	разбира rasbira
Ich habe verstanden.	Јас разбрав. Jas rasbraw.
Ich habe den ganzen Text verstanden.	Јас го разбрав целиот текст. Jas go rasbraw czeliot tekst.
antworten	одговара odgowara
Ich habe geantwortet.	Јас одговорив. Jas odgoworiw.
Ich habe auf alle Fragen geantwortet.	Јас одговорив на сите прашања. Jas odgoworiw na site praschaљa.

84 [vierundachtzig]

Vergangenheit 4

84 [осумдесет и четири]
84 [osumdeset i tschetiri]

Минато 4
Minato 4

Ich weiß das – ich habe das gewusst.	Јас го знам тоа – јас го знаев тоа. Jas go snam toa – jas go snaew toa.
Ich schreibe das – ich habe das geschrieben.	Јас го пишувам тоа – јас го напишав тоа. Jas go pischuwam toa – jas go napischaw toa.
Ich höre das – ich habe das gehört.	Јас го слушам тоа – јас го слушнав тоа. Jas go sluscham toa – jas go sluschnaw toa.
Ich hole das – ich habe das geholt.	Јас го земам тоа – јас го зедов тоа. Jas go semam toa – jas go sedow toa.
Ich bringe das – ich habe das gebracht.	Јас го носам тоа – јас го донесов тоа. Jas go nosam toa – jas go donesow toa.
Ich kaufe das – ich habe das gekauft.	Јас го купувам тоа – јас го купив тоа. Jas go kupuwam toa – jas go kupiw toa.
Ich erwarte das – ich habe das erwartet.	Јас го очекувам тоа – јас го очекував тоа. Jas go otschekuwam toa – jas go otschekuwaw toa.
Ich erkläre das – ich habe das erklärt.	Јас го појаснувам тоа – јас го појаснив тоа. Jas go pojasnuwam toa – jas go pojasniw toa.
Ich kenne das – ich habe das gekannt.	Јас го знам тоа – јас го знаев тоа. Jas go snam toa – jas go snaew toa.

85 [fünfundachtzig]

Fragen – Vergangenheit 1

85 [осумдесет и пет]
85 [osumdeset i pet]

Прашања – Минато време 1
Praschaјa – Minato wreme 1

Wie viel haben Sie getrunken?	Колку имате испиено? Kolku imate ispieno?
Wie viel haben Sie gearbeitet?	Колку работевте? Kolku rabotewte?
Wie viel haben Sie geschrieben?	Колку напишавте? Kolku napischawte?
Wie haben Sie geschlafen?	Како спиевте? Kako spiewte?
Wie haben Sie die Prüfung bestanden?	Како го положивте испитот? Kako go poloschiwte ispitot?
Wie haben Sie den Weg gefunden?	Како го најдовте патот? Kako go najdowte patot?
Mit wem haben Sie gesprochen?	Со кого разговаравте? So kogo rasgowarawte?
Mit wem haben Sie sich verabredet?	Со кого се договоривте? So kogo se dogoworiwte?
Mit wem haben Sie Geburtstag gefeiert?	Со кого славевте роденден? So kogo slawewte rodenden?

85 [fünfundachtzig]

85 [осумдесет и пет]
85 [osumdeset i pet]

Fragen – Vergangenheit 1

Прашања – Минато време 1
Praschaљa – Minato wreme 1

Wo sind Sie gewesen?	Каде бевте? Kade bewte?
Wo haben Sie gewohnt?	Каде живеевте? Kade schiweewte?
Wo haben Sie gearbeitet?	Каде работевте? Kade rabotewte?
Was haben Sie empfohlen?	Што препорачавте? Schto preporatschawte?
Was haben Sie gegessen?	Што јадевте? Schto jadewte?
Was haben Sie erfahren?	Како дознавте? Kako dosnawte?
Wie schnell sind Sie gefahren?	Колку брзо возевте? Kolku brso wosewte?
Wie lange sind Sie geflogen?	Колку долго летавте? Kolku dolgo letawte?
Wie hoch sind Sie gesprungen?	Колку високо скокнавте? Kolku wisoko skoknawte?

86
[sechsundachtzig]

Fragen – Vergangenheit 2

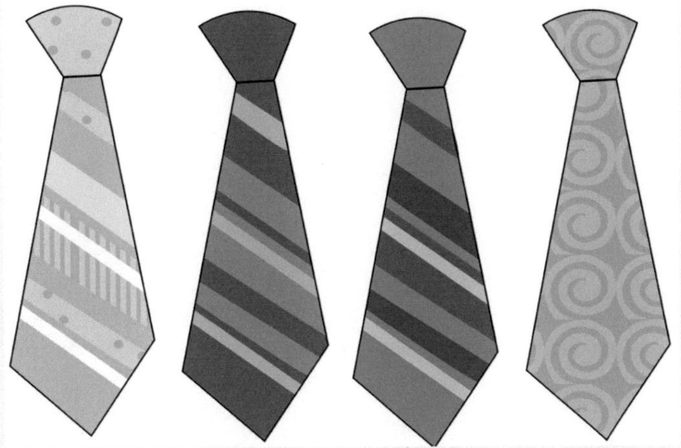

86 [осумдесет и шест]
86 [osumdeset i schest]

Прашања – Минато време 2
Praschaǌa – Minato wreme 2

Welche Krawatte hast du getragen?	Која вратоврска ја носеше? Koja wratowrska ja nosesche?
Welches Auto hast du gekauft?	Кој автомобил го купи? Koj awtomobil go kupi?
Welche Zeitung hast du abonniert?	За кој весник се претплати? Sa koj wesnik se pretplati?
Wen haben Sie gesehen?	Кого видовте? Kogo widowte?
Wen haben Sie getroffen?	Кого сретнавте? Kogo sretnawte?
Wen haben Sie erkannt?	Кого препознавте? Kogo preposnawte?
Wann sind Sie aufgestanden?	Кога станавте? Koga stanawte?
Wann haben Sie begonnen?	Кога започнавте? Koga sapotschnawte?
Wann haben Sie aufgehört?	Кога престанавте? Koga prestanawte?

86
[sechsundachtzig]

Fragen –
Vergangenheit 2

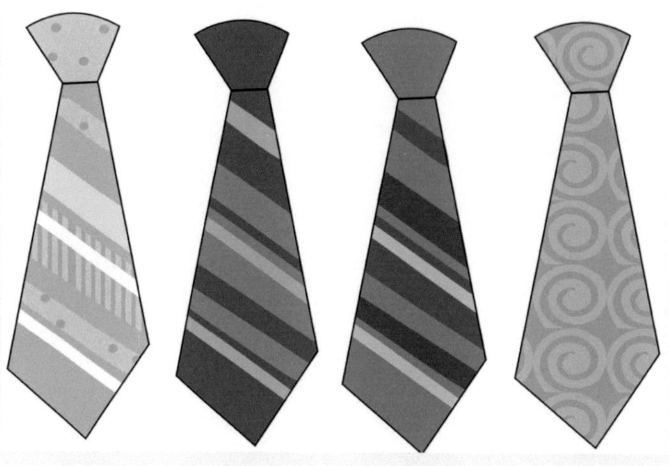

86 [осумдесет и шест]
86 [osumdeset i schest]

Прашања –
Минато време 2
Praschaјa – Minato wreme 2

Warum sind Sie aufgewacht?	Зошто се разбудивте? Soschto se rasbudiwte?
Warum sind Sie Lehrer geworden?	Зошто станавте наставник? Soschto stanawte nastawnik?
Warum haben Sie ein Taxi genommen?	Зошто земавте такси? Soschto semawte taksi?
Woher sind Sie gekommen?	Од каде дојдовте? Od kade dojdowte?
Wohin sind Sie gegangen?	Накаде отидовте? Nakade otidowte?
Wo sind Sie gewesen?	Каде бевте? Kade bewte?
Wem hast du geholfen?	Кому му помогна? Komu mu pomogna?
Wem hast du geschrieben?	Кому му пиша? Komu mu pischa?
Wem hast du geantwortet?	Кому му одговори? Komu mu odgowori?

87
[siebenundachtzig]

Vergangenheit der Modalverben 1

87 [осумдесет и седум]
87 [osumdeset i sedum]

Минато на модалните глаголи 1
Minato na modalnite glagoli 1

Wir mussten die Blumen gießen.	Ние моравме да ги полеваме цвеќињата. Nie morawme da gi polewame czwecịnata.
Wir mussten die Wohnung aufräumen.	Ние моравме да го расчистиме станот. Nie morawme da go rastschistime stanot.
Wir mussten das Geschirr spülen.	Ние моравме да ги измиеме садовите. Nie morawme da gi ismieme sadowite.
Musstet ihr die Rechnung bezahlen?	Моравте ли да ја платите сметката? Morawte li da ja platite smetkata?
Musstet ihr Eintritt bezahlen?	Моравте ли да платите влез? Morawte li da platite wles?
Musstet ihr eine Strafe bezahlen?	Моравте ли да платите казна? Morawte li da platite kasna?
Wer musste sich verabschieden?	Кој мораше да се поздрави? Koj morasche da se posdrawi?
Wer musste früh nach Hause gehen?	Кој мораше да си оди рано дома? Koj morasche da si odi rano doma?
Wer musste den Zug nehmen?	Кој мораше да го земе возот? Koj morasche da go seme wosot?

87
[siebenundachtzig]

Vergangenheit der Modalverben 1

87 [осумдесет и седум]
87 [osumdeset i sedum]

Минато на модалните глаголи 1

Minato na modalnite glagoli 1

Wir wollten nicht lange bleiben.	Ние не сакавме да останеме долго. Nie ne sakawme da ostaneme dolgo.
Wir wollten nichts trinken.	Ние не сакавме да пиеме ништо. Nie ne sakawme da pieme nischto.
Wir wollten nicht stören.	Ние не сакавме да пречиме. Nie ne sakawme da pretschime.
Ich wollte eben telefonieren.	Јас штотуку сакав да телефонирам. Jas schtotuku sakaw da telefoniram.
Ich wollte ein Taxi bestellen.	Јас сакав да нарачам едно такси. Jas sakaw da naratscham jedno taksi.
Ich wollte nämlich nach Haus fahren.	Јас имено сакав да патувам дома. Jas imeno sakaw da patuwam doma.
Ich dachte, du wolltest deine Frau anrufen.	Јас мислев, дека сакаше да ја повикаш твојата жена. Jas mislew, deka sakasche da ja powikasch twojata schena.
Ich dachte, du wolltest die Auskunft anrufen.	Јас мислев, дека сакаше да повикаш информации. Jas mislew, deka sakasche da powikasch informaczii.
Ich dachte, du wolltest eine Pizza bestellen.	Јас мислев, дека сакаше да нарачаш пица. Jas mislew, deka sakasche da naratschasch picza.

88 [achtundachtzig]

Vergangenheit der Modalverben 2

88 [осумдесет и осум]

88 [osumdeset i osum]

Минато на модалните глаголи 2

Minato na modalnite glagoli 2

Mein Sohn wollte nicht mit der Puppe spielen.	Мојот син не сакаше да си игра со куклата. Mojot sin ne sakasche da si igra so kuklata.
Meine Tochter wollte nicht Fußball spielen.	Мојата ќерка не сакаше да игра фудбал. Mojata cerka ne sakasche da igra fudbal.
Meine Frau wollte nicht mit mir Schach spielen.	Мојата жена не сакаше со мене да игра шах. Mojata schena ne sakasche so mene da igra schach.
Meine Kinder wollten keinen Spaziergang machen.	Моите деца не сакаа да се шетаат. Moite decza ne sakaa da se schetaat.
Sie wollten nicht das Zimmer aufräumen.	Тие не сакаа да ја раскренат собата. Tie ne sakaa da ja raskrenat sobata.
Sie wollten nicht ins Bett gehen.	Тие не сакаа да појдат во кревет. Tie ne sakaa da pojdat wo krewet.
Er durfte kein Eis essen.	Тој не смееше да јаде сладолед. Toj ne smeesche da jade sladoled.
Er durfte keine Schokolade essen.	Тој не смееше да јаде чоколада. Toj ne smeesche da jade tschokolada.
Er durfte keine Bonbons essen.	Тој не смееше да јаде бомбони. Toj ne smeesche da jade bomboni.

88 [achtundachtzig]

Vergangenheit der Modalverben 2

88 [осумдесет и осум]
88 [osumdeset i osum]

Минато на модалните глаголи 2

Minato na modalnite glagoli 2

Ich durfte mir etwas wünschen.	Јас смеев да си посакам нешто. Jas smeew da si posakam neschto.
Ich durfte mir ein Kleid kaufen.	Јас смеев да си купам фустан. Jas smeew da si kupam fustan.
Ich durfte mir eine Praline nehmen.	Јас смеев да си земам бонбониера. Jas smeew da si semam bonboniera.
Durftest du im Flugzeug rauchen?	Смееше ли да пушиш во авионот? Smeesche li da puschisch wo awionot?
Durftest du im Krankenhaus Bier trinken?	Смееше ли во болницата да пиеш пиво? Smeesche li wo bolniczata da piesch piwo?
Durftest du den Hund ins Hotel mitnehmen?	Смееше ли кучето да го земеш со себе во хотелот? Smeesche li kutscheto da go semesch so sebe wo chotelot?
In den Ferien durften die Kinder lange draußen bleiben.	На распустот децата смееја долго да останат надвор. Na raspustot deczata smeeja dolgo da ostanat nadwor.
Sie durften lange im Hof spielen.	Тие смееја долго да си играат во дворот. Tie smeeja dolgo da si igraat wo dworot.
Sie durften lange aufbleiben.	Тие смееја долго да останат будни. Tie smeeja dolgo da ostanat budni.

89 [neunundachtzig]

Imperativ 1

89 [осумдесет и девет]

89 [osumdeset i dewet]

Императив 1 (Наредбена форма)

Imperatiw 1 (Naredbena forma)

Du bist so faul – sei doch nicht so faul!	Ти си толку мрзелив / мрзелива – не биди толку мрзелив / мрзелива! Ti si tolku mrseliw / mrseliwa – ne bidi tolku mrseliw / mrseliwa!
Du schläfst so lang – schlaf doch nicht so lang!	Ти спиеш толку долго – не спиј толку долго! Ti spiesch tolku dolgo – ne spij tolku dolgo!
Du kommst so spät – komm doch nicht so spät!	Ти доаѓаш толку доцна – не доаѓај толку доцна! Ti doaǵasch tolku doczna – ne doaǵaj tolku doczna!
Du lachst so laut – lach doch nicht so laut!	Ти се смееш толку гласно – немој да се смееш толку гласно! Ti se smeesch tolku glasno – nemoj da se smeesch tolku glasno!
Du sprichst so leise – sprich doch nicht so leise!	Ти зборуваш толку тивко – не зборувај толку тивко! Ti sboruwasch tolku tiwko – ne sboruwaj tolku tiwko!
Du trinkst zu viel – trink doch nicht so viel!	Ти пиеш премногу – не пиј толку многу! Ti piesch premnogu – ne pij tolku mnogu!
Du rauchst zu viel – rauch doch nicht so viel!	Ти пушиш премногу – не пуши толку многу! Ti puschisch premnogu – ne puschi tolku mnogu!
Du arbeitest zu viel – arbeite doch nicht so viel!	Ти работиш премногу – не работи толку многу! Ti rabotisch premnogu – ne raboti tolku mnogu!
Du fährst so schnell – fahr doch nicht so schnell!	Ти возиш пребрзо – не вози толку брзо! Ti wosisch prebrso – ne wosi tolku brso!

89 [neunundachtzig]

Imperativ 1

89 [осумдесет и девет]

89 [osumdeset i dewet]

Императив 1 (Наредбена форма)

Imperatiw 1 (Naredbena forma)

Stehen Sie auf, Herr Müller!	Станете, господине Милер! Stanete, gospodine Miler!
Setzen Sie sich, Herr Müller!	Седнете, господине Милер! Sednete, gospodine Miler!
Bleiben Sie sitzen, Herr Müller!	Останете на местото, господине Милер! Ostanete na mestoto, gospodine Miler!
Haben Sie Geduld!	Имајте трпение! Imajte trpenie!
Nehmen Sie sich Zeit!	Не брзајте! Ne brsajte!
Warten Sie einen Moment!	Почекајте еден момент! Potschekajte jeden moment!
Seien Sie vorsichtig!	Бидете внимателни! Bidete wnimatelni!
Seien Sie pünktlich!	Бидете точни! Bidete totschni!
Seien Sie nicht dumm!	Не бидете глупави! Ne bidete glupawi!

90 [neunzig]

Imperativ 2

90 [деведесет]
90 [dewedeset]

Императив 2 (Наредбена форма)
Imperatiw 2 (Naredbena forma)

Rasier dich!	Избричи се! Isbritschi se!
Wasch dich!	Измиј се! Ismij se!
Kämm dich!	Исчешлај се! Istscheschlaj se!
Ruf an! Rufen Sie an!	Јави се! Јавете се! Jawi se! Jawete se!
Fang an! Fangen Sie an!	Почнувај! Почнете! Potschnuwaj! Potschnete!
Hör auf! Hören Sie auf!	Престани! Престанете! Prestani! Prestanete!
Lass das! Lassen Sie das!	Остави го тоа! Оставете го тоа! Ostawi go toa! Ostawete go toa!
Sag das! Sagen Sie das!	Кажи го тоа! Кажете го тоа! Kaschi go toa! Kaschete go toa!
Kauf das! Kaufen Sie das!	Купи го тоа! Купете го тоа! Kupi go toa! Kupete go toa!

90 [neunzig]

Imperativ 2

90 [деведесет]
90 [dewedeset]

Императив 2 (Наредбена форма)
Imperatiw 2 (Naredbena forma)

Sei nie unehrlich!	Не биди никогаш нечесен! Ne bidi nikogasch netschesen!
Sei nie frech!	Не биди никогаш дрзок! Ne bidi nikogasch drsok!
Sei nie unhöflich!	Не биди никогаш неучтив! Ne bidi nikogasch neutschtiw!
Sei immer ehrlich!	Биди секогаш чесен! Bidi sekogasch tschesen!
Sei immer nett!	Биди секогаш љубезен! Bidi sekogasch ljubesen!
Sei immer höflich!	Биди секогаш учтив! Bidi sekogasch utschtiw!
Kommen Sie gut nach Haus!	Одете си со здравје! Odete si so sdrawje!
Passen Sie gut auf sich auf!	Внимавајте добро на себе! Wnimawajte dobro na sebe!
Besuchen Sie uns bald wieder!	Посетете не наскоро повторно! Posetete ne naskoro powtorno!

91 [einundneunzig]

Nebensätze mit dass 1

91 [деведесет и еден]

91 [dewedeset i jeden]

Споредни реченици со дека 1

Sporedni retscheniczi so deka 1

Das Wetter wird vielleicht morgen besser.	Времето утре можеби ќе биде подобро. Wremeto utre moschebi ce bide podobro.
Woher wissen Sie das?	Од каде го знаете тоа? Od kade go snaete toa?
Ich hoffe, dass es besser wird.	Се надевам, дека ќе биде подобро. Se nadewam, deka ce bide podobro.
Er kommt ganz bestimmt.	Тој ќе дојде сосема сигурно. Toj ce dojde sosema sigurno.
Ist das sicher?	Сигурно ли е тоа? Sigurno li je toa?
Ich weiß, dass er kommt.	Јас знам, дека тој ќе дојде. Jas snam, deka toj ce dojde.
Er ruft bestimmt an.	Тој сигурно ќе се јави. Toj sigurno ce se jawi.
Wirklich?	Навистина? Nawistina?
Ich glaube, dass er anruft.	Мислам, дека тој ќе се јави. Mislam, deka toj ce se jawi.

91 [einundneunzig]

Nebensätze mit dass 1

91 [деведесет и еден]

91 [dewedeset i jeden]

Споредни реченици со дека 1

Sporedni retscheniczi so deka 1

Der Wein ist sicher alt.	Виното сигурно е старо. Winoto sigurno je staro.
Wissen Sie das genau?	Го знаете ли тоа со сигурност? Go snaete li toa so sigurnost?
Ich vermute, dass er alt ist.	Претпоставувам, дека е старо. Pretpostawuwam, deka je staro.
Unser Chef sieht gut aus.	Нашиот шеф изгледа добро. Naschiot schef isgleda dobro.
Finden Sie?	Мислите? Mislite?
Ich finde, dass er sogar sehr gut aussieht.	Мислам, дека тој изгледа дури многу добро. Mislam, deka toj isgleda duri mnogu dobro.
Der Chef hat bestimmt eine Freundin.	Шефот сигурно има девојка. Schefot sigurno ima dewojka.
Glauben Sie wirklich?	Верувате ли навистина? Weruwate li nawistina?
Es ist gut möglich, dass er eine Freundin hat.	Сосема е можно, дека тој има девојка. Sosema je moschno, deka toj ima dewojka.

92
[zweiundneunzig]

Nebensätze mit dass 2

92 [деведесет и два]
92 [dewedeset i dwa]

Споредни реченици со дека 2

Sporedni retscheniczi so deka 2

Es ärgert mich, dass du schnarchst.	Ме лути, дека рчиш. Me luti, deka rtschisch.
Es ärgert mich, dass du so viel Bier trinkst.	Ме лути, дека пиеш толку многу пиво. Me luti, deka piesch tolku mnogu piwo.
Es ärgert mich, dass du so spät kommst.	Ме лути, дека доаѓаш толку доцна. Me luti, deka doaȷasch tolku doczna.
Ich glaube, dass er einen Arzt braucht.	Мислам, дека му треба лекар. Mislam, deka mu treba lekar.
Ich glaube, dass er krank ist.	Мислам, дека тој е болен. Mislam, deka toj je bolen.
Ich glaube, dass er jetzt schläft.	Мислам, дека тој сега спие. Mislam, deka toj sega spie.
Wir hoffen, dass er unsere Tochter heiratet.	Ние се надеваме, дека тој ќе се ожени со нашата ќерка. Nie se nadewame, deka toj ce se oscheni so naschata cerka.
Wir hoffen, dass er viel Geld hat.	Ние се надеваме, дека тој има многу пари. Nie se nadewame, deka toj ima mnogu pari.
Wir hoffen, dass er Millionär ist.	Ние се надеваме, дека тој е милионер. Nie se nadewame, deka toj je milioner.

92 [zweiundneunzig]

Nebensätze mit dass 2

92 [деведесет и два]
92 [dewedeset i dwa]

Споредни реченици со дека 2
Sporedni retscheniczi so deka 2

Ich habe gehört, dass deine Frau einen Unfall hatte.
Слушнав, дека твојата сопруга имаше една несреќа.
Sluschnaw, deka twojata supruga imasche jedna nesreca.

Ich habe gehört, dass sie im Krankenhaus liegt.
Слушнав, дека таа лежи во болница.
Sluschnaw, deka taa leschi wo bolnicza.

Ich habe gehört, dass dein Auto total kaputt ist.
Слушнав, дека твојот автомобил е потполно скршен.
Sluschnaw, deka twojot awtomobil je potpolno skrschen.

Es freut mich, dass Sie gekommen sind.
Ме радува, дека дојдовте.
Me raduwa, deka dojdowte.

Es freut mich, dass Sie Interesse haben.
Ме радува, дека имате интерес.
Me raduwa, deka imate interes.

Es freut mich, dass Sie das Haus kaufen wollen.
Ме радува, дека сакате да ја купите куќата.
Me raduwa, deka sakate da ja kupite kucata.

Ich fürchte, dass der letzte Bus schon weg ist.
Се плашам, дека последниот автобус е веќе заминат.
Se plascham, deka posledniot awtobus je wece saminat.

Ich fürchte, dass wir ein Taxi nehmen müssen.
Се плашам, дека мораме да земеме такси.
Se plascham, deka morame da sememe taksi.

Ich fürchte, dass ich kein Geld bei mir habe.
Се плашам, дека немам пари кај себе.
Se plascham, deka nemam pari kaj sebe.

93 [dreiundneunzig]

Nebensätze mit ob

93 [деведесет и три]

93 [dewedeset i tri]

Споредни реченици со дали

Sporedni retscheniczi so dali

Ich weiß nicht, ob er mich liebt.	Незнам, дали тој ме сака. Nesnam, dali toj me saka.
Ich weiß nicht, ob er zurückkommt.	Незнам, дали тој ќе се врати. Nesnam, dali toj ce se wrati.
Ich weiß nicht, ob er mich anruft.	Незнам, дали тој ќе ме побара. Nesnam, dali toj ce me pobara.
Ob er mich wohl liebt?	Дали тој навистина ме сака? Dali toj nawistina me saka?
Ob er wohl zurückkommt?	Дали тој навистина ќе се врати? Dali toj nawistina ce se wrati?
Ob er mich wohl anruft?	Дали тој навистина ќе ме побара? Dali toj nawistina ce me pobara?
Ich frage mich, ob er an mich denkt.	Се прашувам, дали тој мисли на мене? Se praschuwam, dali toj misli na mene?
Ich frage mich, ob er eine andere hat.	Се прашувам, дали тој има некоја друга? Se praschuwam, dali toj ima nekoja druga?
Ich frage mich, ob er lügt.	Се прашувам, дали лаже? Se praschuwam, dali lasche?

93 [dreiundneunzig]

Nebensätze mit ob

93 [деведесет и три]
93 [dewedeset i tri]

Споредни реченици со дали
Sporedni retscheniczi so dali

Ob er wohl an mich denkt?	Дали тој навистина мисли на мене? Dali toj nawistina misli na mene?
Ob er wohl eine andere hat?	Дали тој навистина има некоја друга? Dali toj nawistina ima nekoja druga?
Ob er wohl die Wahrheit sagt?	Дали тој навистина ја кажува вистината? Dali toj nawistina ja kaschuwa wistinata?
Ich zweifele, ob er mich wirklich mag.	Се сомневам, дали навистина му се допаѓам. Se somnewam, dali nawistina mu se dopaȷam.
Ich zweifele, ob er mir schreibt.	Се сомневам, дали ќе ми пише. Se somnewam, dali ce mi pische.
Ich zweifele, ob er mich heiratet.	Се сомневам, дали ќе се ожени со мене. Se somnewam, dali ce se oscheni so mene.
Ob er mich wohl wirklich mag?	Дали му се навистина допаѓам? Dali mu se nawistina dopaȷam?
Ob er mir wohl schreibt?	Дали тој навистина ќе ми пише? Dali toj nawistina ce mi pische?
Ob er mich wohl heiratet?	Дали тој навистина ќе се ожени со мене? Dali toj nawistina ce se oscheni so mene?

94 [vierundneunzig]

Konjunktionen 1

94 [деведесет и четири]
94 [dewedeset i tschetiri]

Сврзници 1
Swrsniczi 1

Warte, bis der Regen aufhört.	Чекај, додека да престане дождот. Tschekaj, dodeka da prestane doschdot.
Warte, bis ich fertig bin.	Чекај, додека да бидам готов / готова. Tschekaj, dodeka da bidam gotow / gotowa.
Warte, bis er zurückkommt.	Чекај, додека тој да се врати. Tschekaj, dodeka toj da se wrati.
Ich warte, bis meine Haare trocken sind.	Ќе почекам, додека ми се исуши косата. Ce potschekam, dodeka mi se isuschi kosata.
Ich warte, bis der Film zu Ende ist.	Ќе почекам, додека да заврши филмот. Ce potschekam, dodeka da sawrschi filmot.
Ich warte, bis die Ampel grün ist.	Ќе почекам, додека семафорот светне зелено. Ce potschekam, dodeka semaforot swetne seleno.
Wann fährst du in Urlaub?	Кога патуваш на одмор? Koga patuwasch na odmor?
Noch vor den Sommerferien?	Уште пред летниот распуст? Uschte pred letniot raspust?
Ja, noch bevor die Sommerferien beginnen.	Да, уште пред да започне летниот распуст. Da, uschte pred da sapotschne letniot raspust.

94 [vierundneunzig]

Konjunktionen 1

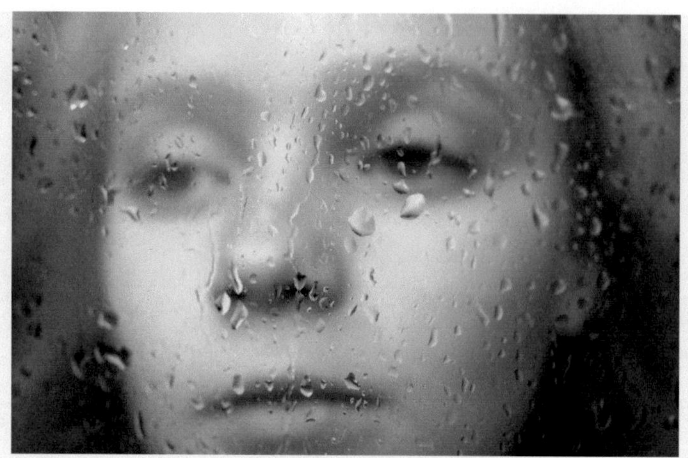

94 [деведесет и четири]
94 [dewedeset i tschetiri]

Сврзници 1
Swrsniczi 1

Reparier das Dach, bevor der Winter beginnt.	Поправи го кровот, пред да започне зимата. Poprawi go krowot, pred da sapotschne simata.
Wasch deine Hände, bevor du dich an den Tisch setzt.	Измиј си ги рацете, пред да седнеш на масата. Ismij si gi raczete, pred da sednesch na masata.
Schließ das Fenster, bevor du rausgehst.	Затвори го прозорецот, пред да излезеш. Satwori go prosoreczot, pred da islesesch.
Wann kommst du nach Hause?	Кога ќе се вратиш дома? Koga ce se wratisch doma?
Nach dem Unterricht?	По наставата? Po nastawata?
Ja, nachdem der Unterricht aus ist.	Да, откако ќе заврши наставата. Da, otkako ce sawrschi nastawata.
Nachdem er einen Unfall hatte, konnte er nicht mehr arbeiten.	Откако тој имаше несреќа, не можеше повеќе да работи. Otkako toj imasche nesreca, ne moschesche powece da raboti.
Nachdem er die Arbeit verloren hatte, ist er nach Amerika gegangen.	Откако тој ја загуби работата, тој замина за Америка. Otkako toj ja sagubi rabotata, toj samina sa Amerika.
Nachdem er nach Amerika gegangen war, ist er reich geworden.	Откако тој замина за Америка, тој стана богат. Otkako toj samina sa Amerika, toj stana bogat.

95 [fünfundneunzig]

Konjunktionen 2

95 [деведесет и пет]
95 [dewedeset i pet]

Сврзници 2
Swrsniczi 2

Seit wann arbeitet sie nicht mehr?	Од кога таа не работи повеќе? Od koga taa ne raboti powece?
Seit ihrer Heirat?	Од нејзината венчавка? Od nejsinata wentschawka?
Ja, sie arbeitet nicht mehr, seitdem sie geheiratet hat.	Да, таа не работи повеќе, откако се омажи. Da, taa ne raboti powece, otkako se omaschi.
Seitdem sie geheiratet hat, arbeitet sie nicht mehr.	Откако таа се омажи, таа не работи повеќе. Otkako taa se omaschi, taa ne raboti powece.
Seitdem sie sich kennen, sind sie glücklich.	Откако се познаваат, тие се среќни. Otkako se posnawaat, tie se srecni.
Seitdem sie Kinder haben, gehen sie selten aus.	Откако имаат деца, тие излегуваат ретко. Otkako imaat decza, tie isleguwaat retko.
Wann telefoniert sie?	Кога таа телефонира? Koga taa telefonira?
Während der Fahrt?	За време на возењето? Sa wreme na wosejeto?
Ja, während sie Auto fährt.	Да, додека вози автомобил. Da, dodeka wosi awtomobil.

95 [fünfundneunzig]

Konjunktionen 2

95 [деведесет и пет]

95 [dewedeset i pet]

Сврзници 2

Swrsniczi 2

Sie telefoniert, während sie Auto fährt.	Таа телефонира, додека го вози автомобилот. Taa telefonira, dodeka go wosi awtomobilot.
Sie sieht fern, während sie bügelt.	Таа гледа телевизија, додека пегла. Taa gleda telewisija, dodeka pegla.
Sie hört Musik, während sie ihre Aufgaben macht.	Таа слуша музика, додека ги врши своите задачи. Taa slusсha musika, dodeka gi wrschi swoite sadatschi.
Ich sehe nichts, wenn ich keine Brille habe.	Јас не гледам ништо, кога / ако немам очила. Jas ne gledam nischto, koga / ako nemam otschila.
Ich verstehe nichts, wenn die Musik so laut ist.	Јас не разбирам ништо, кога / ако музиката е толку гласна. Jas ne rasbiram nischto, koga / ako musikata je tolku glasna.
Ich rieche nichts, wenn ich Schnupfen habe.	Јас не мирисам ништо, кога / ако имам настинка. Jas ne mirisam nischto, koga / ako imam nastinka.
Wir nehmen ein Taxi, wenn es regnet.	Ќе земеме едно такси, доколку / ако врне. Ce sememe jedno taksi, dokolku / ako wrne.
Wir reisen um die Welt, wenn wir im Lotto gewinnen.	Ние ќе патуваме околу светот, доколку / ако добиеме на лото. Nie ce patuwame okolu swetot, dokolku / ako dobieme na loto.
Wir fangen mit dem Essen an, wenn er nicht bald kommt.	Ние ќе започнеме со јадењето, доколку / ако тој не дојде наскоро. Nie ce sapotschneme so jadeњeto, dokolku / ako toj ne dojde naskoro.

96 [sechsundneunzig]

Konjunktionen 3

96 [деведесет и шест]

96 [dewedeset i schest]

Сврзници 3

Swrsniczi 3

Ich stehe auf, sobald der Wecker klingelt.	Јас станувам, штом засвони будилникот. Jas stanuwam, schtom saswoni budilnikot.
Ich werde müde, sobald ich lernen soll.	Јас станувам уморен / уморна, штом треба да учам. Jas stanuwam umoren / umorna, schtom treba da utscham.
Ich höre auf zu arbeiten, sobald ich 60 bin.	Јас ќе престанам да работам, штом ќе бидам 60. Jas ce prestanam da rabotam, schtom ce bidam 60.
Wann rufen Sie an?	Кога ќе се јавите? Koga ce se jawite?
Sobald ich einen Moment Zeit habe.	Штом имам еден момент време. Schtom imam jeden moment wreme.
Er ruft an, sobald er etwas Zeit hat.	Тој ќе се јави, штом ќе има малку време. Toj ce se jawi, schtom ce ima malku wreme.
Wie lange werden Sie arbeiten?	Колку долго ќе работите? Kolku dolgo ce rabotite?
Ich werde arbeiten, solange ich kann.	Јас ќе работам, се додека можам. Jas ce rabotam, se dodeka moscham.
Ich werde arbeiten, solange ich gesund bin.	Јас ќе работам, се додека сум здрав / здрава. Jas ce rabotam, se dodeka sum sdraw / sdrawa.

96
[sechsundneunzig]

Konjunktionen 3

96 [деведесет и шест]
96 [dewedeset i schest]

Сврзници 3
Swrsniczi 3

Er liegt im Bett, anstatt dass er arbeitet.	Тој лежи во кревет, наместо да работи. Toj leschi wo krewet, namesto da raboti.
Sie liest die Zeitung, anstatt dass sie kocht.	Таа чита весник, наместо да готви. Taa tschita wesnik, namesto da gotwi.
Er sitzt in der Kneipe, anstatt dass er nach Hause geht.	Тој седи во кафеаната, наместо да си оди дома. Toj sedi wo kafeanata, namesto da si odi doma.
Soweit ich weiß, wohnt er hier.	Колку што знам, тој живее овде. Kolku schto snam, toj schiwee owde.
Soweit ich weiß, ist seine Frau krank.	Колку што знам, неговата сопруга е болна. Kolku schto snam, negowata sopruga je bolna.
Soweit ich weiß, ist er arbeitslos.	Колку што знам, тој е невработен. Kolku schto snam, toj je newraboten.
Ich hatte verschlafen, sonst wäre ich pünktlich gewesen.	Јас се успав, инаку ќе дојдев навреме. Jas se uspaw, inaku ce dojdew nawreme.
Ich hatte den Bus verpasst, sonst wäre ich pünktlich gewesen.	Јас го пропуштив автобусот, инаку ќе дојдев навреме. Jas go propuschtiw awtobusot, inaku ce dojdew nawreme.
Ich hatte den Weg nicht gefunden, sonst wäre ich pünktlich gewesen.	Јас не го најдов патот, инаку ќе дојдев навреме. Jas ne go najdow patot, inaku ce dojdew nawreme.

97 [siebenundneunzig]

Konjunktionen 4

97 [деведесет и седум]

97 [dewedeset i sedum]

Сврзници 4

Swrsniczi 4

Er ist eingeschlafen, obwohl der Fernseher an war.	Тој заспа, иако телевизорот беше вклучен. Toj saspa, iako telewisorot besche wklutschen.
Er ist noch geblieben, obwohl es schon spät war.	Тој остана уште, иако веќе беше доцна. Toj ostana uschte, iako wece besche doczna.
Er ist nicht gekommen, obwohl wir uns verabredet hatten.	Тој не дојде, иако бевме договорени. Toj ne dojde, iako bewme dogoworeni.
Der Fernseher war an. Trotzdem ist er eingeschlafen.	Телевизорот беше вклучен. И покрај тоа тој заспа. Telewisorot besche wklutschen. I pokraj toa toj saspa.
Es war schon spät. Trotzdem ist er noch geblieben.	Веќе беше доцна. И покрај тоа тој остана уште. Wece besche doczna. I pokraj toa toj ostana uschte.
Wir hatten uns verabredet. Trotzdem ist er nicht gekommen.	Ние бевме договорени. И покрај тоа тој не дојде. Nie bewme dogoworeni. I pokraj toa toj ne dojde.
Obwohl er keinen Führerschein hat, fährt er Auto.	Иако тој нема возачка дозвола, тој вози автомобил. Iako toj nema wosatschka doswola, toj wosi awtomobil.
Obwohl die Straße glatt ist, fährt er schnell.	Иако улицата е лизгава, тој вози брзо. Iako uliczata je lisgawa, toj wosi brso.
Obwohl er betrunken ist, fährt er mit dem Rad.	Иако тој е пијан, тој вози велосипед. Iako toj je pijan, toj wosi welosiped.

97 [siebenundneunzig]

Konjunktionen 4

97 [деведесет и седум]

97 [dewedeset i sedum]

Сврзници 4

Swrsniczi 4

Er hat keinen Führerschein. Trotzdem fährt er Auto.	Тој нема дозвола. И покрај тоа тој вози автомобил. Toj nema doswola. I pokraj toa toj wosi awtomobil.
Die Straße ist glatt. Trotzdem fährt er so schnell.	Улицата е лизгава. И покрај тоа тој вози така брзо. Uliczata je lisgawa. I pokraj toa toj wosi taka brso.
Er ist betrunken. Trotzdem fährt er mit dem Rad.	Тој е пијан. И покрај тоа тој го вози велосипедот. Toj je pijan. I pokraj toa toj go wosi welosipedot.
Sie findet keine Stelle, obwohl sie studiert hat.	Таа не може да најде работа, иако има студирано. Taa ne mosche da najde rabota, iako ima studirano.
Sie geht nicht zum Arzt, obwohl sie Schmerzen hat.	Таа не оди на лекар, иако има болки. Taa ne odi na lekar, iako ima bolki.
Sie kauft ein Auto, obwohl sie kein Geld hat.	Таа купува автомобил, иако нема пари. Taa kupuwa awtomobil, iako nema pari.
Sie hat studiert. Trotzdem findet sie keine Stelle.	Таа има студирано. И покрај тоа таа не може да најде работа. Taa ima studirano. I pokraj toa taa ne mosche da najde rabota.
Sie hat Schmerzen. Trotzdem geht sie nicht zum Arzt.	Таа има болки. И покрај тоа таа не оди на лекар. Taa ima bolki. I pokraj toa taa ne odi na lekar.
Sie hat kein Geld. Trotzdem kauft sie ein Auto.	Таа нема пари. И покрај тоа таа купува автомобил. Taa nema pari. I pokraj toa taa kupuwa awtomobil.

98 [achtundneunzig]

Doppelte Konjunktionen

98 [деведесет и осум]
98 [dewedeset i osum]

Двојни сврзници
Dwojni swrsniczi

Die Reise war zwar schön, aber zu anstrengend.	Патувањето навистина беше убаво, но премногу напорно. Patuwaњeto nawistina besche ubawo, no premnogu naporno.
Der Zug war zwar pünktlich, aber zu voll.	Возот навистина беше точен, ама преполн. Wosot nawistina besche totschen, ama prepoln.
Das Hotel war zwar gemütlich, aber zu teuer.	Хотелот навистина беше удобен, ама премногу скап. Chotelot nawistina besche udoben, ama premnogu skap.
Er nimmt entweder den Bus oder den Zug.	Тој ќе го земе или автобусот или возот. Toj ce go seme ili awtobusot ili wosot.
Er kommt entweder heute Abend oder morgen früh.	Тој ќе дојде или вечерва или утре изутрина. Toj ce dojde ili wetscherwa ili utre isutrina.
Er wohnt entweder bei uns oder im Hotel.	Тој ќе живее или кај нас или во хотел. Toj ce schiwee ili kaj nas ili wo chotel.
Sie spricht sowohl Spanisch als auch Englisch.	Таа зборува како шпански, исто така и англиски. Taa sboruwa kako schpanski, isto taka i angliski.
Sie hat sowohl in Madrid als auch in London gelebt.	Таа живееше како во Мадрид, исто така и во Лондон. Taa schiweesche kako wo Madrid, isto taka i wo London.
Sie kennt sowohl Spanien als auch England.	Таа како што ја знае Шпанија, исто така ја знае и Англија. Taa kako schto ja snae Schpanija, isto taka ja snae i Anglija.

98 [achtundneunzig]

98 [деведесет и осум]
98 [dewedeset i osum]

Doppelte Konjunktionen

Двојни сврзници
Dwojni swrsniczi

Er ist nicht nur dumm, sondern auch faul.	Тој не само што е глуп, туку исто така е и мрзелив. Toj ne samo schto je glup, tuku isto taka je i mrseliw.
Sie ist nicht nur hübsch, sondern auch intelligent.	Таа не само што е убава, туку исто така е и интелигентна. Taa ne samo schto je ubawa, tuku isto taka je i inteligentna.
Sie spricht nicht nur Deutsch, sondern auch Französisch.	Таа не зборува само германски, туку и француски. Taa ne sboruwa samo germanski, tuku i franczuski.
Ich kann weder Klavier noch Gitarre spielen.	Јас не умеам да свирам ниту на клавир, ниту пак на гитара. Jas ne umeam da swiram nitu na klawir, nitu pak na gitara.
Ich kann weder Walzer noch Samba tanzen.	Јас не умеам да танцувам ниту валцер, ниту пак самба. Jas ne umeam da tanczuwam nitu walczer, nitu pak samba.
Ich mag weder Oper noch Ballett.	Мене не ми се допаѓа нити операта, ниту пак балетот. Mene ne mi se dopaјa niti operata, nitu pak baletot.
Je schneller du arbeitest, desto früher bist du fertig.	Колку побргу работиш, толку порано ќе бидеш готов. Kolku pobrgu rabotisch, tolku porano ce bidesch gotow.
Je früher du kommst, desto früher kannst du gehen.	Колку порано ќе дојдеш, толку порано можеш да си одиш. Kolku porano ce dojdesch, tolku porano moschesch da si odisch.
Je älter man wird, desto bequemer wird man.	Колку човек стареe, толку човек станува поудобен. Kolku tschowek staree, tolku tschowek stanuwa poudoben.

99 [neunundneunzig]

Genitiv

99 [деведесет и девет]
99 [dewedeset i dewet]

Генитив
Genitiw

die Katze meiner Freundin	мачката на мојата пријателка matschkata na mojata prijatelka
der Hund meines Freundes	кучето на мојот пријател kutscheto na mojot prijatel
die Spielsachen meiner Kinder	играчките на моите деца igratschkite na moite decza
Das ist der Mantel meines Kollegen.	Ова е мантилот на мојот колега. Owa je mantilot na mojot kolega.
Das ist das Auto meiner Kollegin.	Ова е автомобилот на мојата колешка. Owa je awtomobilot na mojata koleschka.
Das ist die Arbeit meiner Kollegen.	Ова е работата на моите колеги. Owa je rabotata na moite kolegi.
Der Knopf von dem Hemd ist ab.	Копчето од кошулата е откинато. Koptscheto od koschulata je otkinato.
Der Schlüssel von der Garage ist weg.	Го нема клучот од гаражата. Go nema klutschot od garaschata.
Der Computer vom Chef ist kaputt.	Компјутерот на шефот е расипан. Kompjuterot na schefot je rasipan.

99
[neunundneunzig]

Genitiv

99 [деведесет и девет]
99 [dewedeset i dewet]

Генитив
Genitiw

Wer sind die Eltern des Mädchens?	Кои се родителите на девојчето? Koi se roditelite na dewojtscheto?
Wie komme ich zum Haus ihrer Eltern?	Како да дојдам до куќата на вашите родители? Kako da dojdam do kucata na waschite roditeli?
Das Haus steht am Ende der Straße.	Куќата стои на крајот од улицата. Kucata stoi na krajot od uliczata.
Wie heißt die Hauptstadt von der Schweiz?	Како се вика главниот град на Швајцарија? Kako se wika glawniot grad na Schwajczarija?
Wie heißt der Titel von dem Buch?	Кој е насловот на книгата? Koj je naslowot na knigata?
Wie heißen die Kinder von den Nachbarn?	Како се викаат децата на комшиите? Kako se wikaat deczata na komschiite?
Wann sind die Schulferien von den Kindern?	Кога се училишните распусти на децата? Koga se utschilischnite raspusti na deczata?
Wann sind die Sprechzeiten von dem Arzt?	Кога се термините за прегледи кај лекарот? Koga se terminite sa pregledi kaj lekarot?
Wann sind die Öffnungszeiten von dem Museum?	Кое е работното време на музејот? Koe je rabotnoto wreme na musejot?

100 [hundert]

100 [сто]
100 [sto]

Adverbien

Прилози
Prilosi

schon einmal – noch nie	веќе еднаш – никогаш досега wece jednasch – nikogasch dosega
Sind Sie schon einmal in Berlin gewesen?	Дали веќе сте биле во Берлин? Dali wece ste bile wo Berlin?
Nein, noch nie.	Не, никогаш досега. / Не, сеуште не . Ne, nikogasch dosega. / Ne, seuschte ne .
jemand – niemand	некој – никој nekoj – nikoj
Kennen Sie hier jemand(en)?	Познавате ли овде некој? Posnawate li owde nekoj?
Nein, ich kenne hier niemand(en).	Не, не познавам никого. Ne, ne posnawam nikogo.
noch – nicht mehr	уште – не повеќе uschte – ne powece
Bleiben Sie noch lange hier?	Ќе останете ли уште долго овде? Ce ostanete li uschte dolgo owde?
Nein, ich bleibe nicht mehr lange hier.	Не, јас не останувам повеќе тука. Ne, jas ne ostanuwam powece tuka.

100 [hundert]

100 [сто]
100 [sto]

Adverbien

Прилози
Prilosi

noch etwas – nichts mehr

уште нешто – ништо повеќе
uschte neschto – nischto powece

Möchten Sie noch etwas trinken?

Сакате ли да се напиете уште нешто?
Sakate li da se napiete uschte neschto?

Nein, ich möchte nichts mehr.

Не, јас не сакам ништо повеќе.
Ne, jas ne sakam nischto powece.

schon etwas – noch nichts

веќе нешто – сеуште ништо
wece neschto – seuschte nischto

Haben Sie schon etwas gegessen?

Јадевте ли веќе нешто?
Jadewte li wece neschto?

Nein, ich habe noch nichts gegessen.

Не, јас сеуште немам јадено ништо.
Ne, jas seuschte nemam jadeno nischto.

noch jemand – niemand mehr

уште некој – никој повеќе
uschte nekoj – nikoj powece

Möchte noch jemand einen Kaffee?

Сака ли уште некој кафе?
Saka li uschte nekoj kafe?

Nein, niemand mehr.

Не, никој повеќе.
Ne, nikoj powece.